Berlitz®

W0203310

Spanisch
Verben

Basiswissen

Mike Zollo

Berlitz Publishing Company, Inc.
Princeton Mexiko Dublin Eschborn Singapur

Spanisch: Verben

Der Autor:
Mike Zollo ist Lehrer, Autor und Prüfer mit weitreichender Erfahrung. Er ist Vorsitzender des Sprachausschusses für Spanisch and Portugiesisch der englischen »Association for Language Learning«.

Der Herausgeber:
Christopher Wightwick hat Großbritannien beim Fremdsprachenprojekt des Europarates vertreten und ist ehemaliger Oberinspektor für neuere Sprachen im englischen Schulwesen.

Deutsche Bearbeitung: **Inge Shields**

400 Alexander Park, Princeton, NJ 08540 USA
9 - 13 Grosvenor Street, London W1X 9FB UK

1. Ausgabe, 5. Auflage April 1999
Printed in Spain

INHALT

Wie man dieses Buch benutzt v

A Das spanische Verbsystem

1 *Was Verben tun*

1a	Vollverben	2
1b	Hilfsverben	2
1c	Verben mit Doppelrolle	2

2 *Was Verben bestimmen*

2a	Verben, die keine weitere Ergänzung brauchen	3
2b	Verben, die Gleiches verbinden: die Sinnergänzung	3
2c	Verben, die ein Objekt haben (transitive Verben)	3
2d	Verben, die transitiv oder intransitiv sein können	4
2e	Verben, die zwei Objekte haben: ein direktes und ein indirektes	4
2f	Reflexive Verben	4
2g	Verben mit Präposition	5
2h	Verben, die Verben bestimmen	5
2i	Die Stellung des Verbs im Satz	6

3 *Einstellung zur Handlung: modale Hilfsverben*

3a	Die Funktion modaler Hilfsverben	9
3b	Die modalen Hilfsverben im Spanischen und ihre Bedeutung	9

4 *Zeitunabhängige Verbformen*

4a	Der Infinitiv	11
4b	Die beiden Partizipien	11

5 *Zeitverlauf und der Gebrauch der Tempora*

5a	Was sagen uns die Tempora?	13
5b	Ein Wort oder zwei? Einfache und zusammengesetzte Tempora	13
5c	Hilfsverben zur Bildung der zusammengesetzten Tempora	14

6 *Angaben wahrscheinlicher Tatsachen: der Indikativ*

6a	Präsens	16
6b	Vergangenheitsformen	18
6c	Zukunft	22
6d	Konditional: Was wäre, wenn?	23

7 *Aufforderungen und Befehle: der Imperativ*

7a	Der positive Imperativ Singular: »du«	25
7b	Der positive Imperativ Plural: »ihr«	26
7c	Der verneinte Imperativ: »du/ihr« und der positive und verneinte Imperativ aller Höflichkeitsformen: »Sie«	26
7d	Zusammenfassung der Imperativformen	27

8 *Ungewißheiten: der Konjunktiv*

8a	Konjunktiv Präsens (Konjunktiv I)	28
8b	Konjunktiv Imperfekt (Konjunktiv II)	29
8c	Zusammengesetzte Konjunktivformen	30

9 *Dinge, die man erleidet: das Passiv*

9a	Das echte Passiv	31
9b	Alternativen zum Passiv	31

10 *Die verschiedenen spanischen Verbgruppen*

10a	Vorhersagbarkeit	33
10b	Hauptverbgruppen: Wie werden sie konjugiert?	34
10c	Zusammengesetzte Verben	40

11 *Reflexive Verben*

11a	Reflexive Verben allgemein	43
11b	Reflexivpronomen	43
11c	Stellung der Reflexivpronomen	43
11d	Verwendung des Reflexivums	44

B Modellverben

Index der Modellverben		46
Das spanische Konjugationssystem	**lavar** *1*	48
Regelmäßige Verben	Nr. *2-4*	52
Orthographische Veränderungen	Nr. *5-18*	58
Änderungen im Stammvokal	Nr. *19-24*	86
Unregelmäßige Verben	Nr. *25-58*	99

C Sachregister

D Verbregister

Wie man dieses Buch benutzt

Anliegen dieses Buches ist es, eine vollständige Beschreibung des spanischen Verbsystems für all diejenigen zu liefern, die die spanische Sprache erlernen und sie aktiv anwenden. Es enthält folgende Informationen:

- eine Beschreibung des Verbsystems;
- die volle Konjugation von 58 häufig vorkommenden Verben, die so gruppiert sind, daß die dem System zugrunde liegenden Muster deutlich erkennbar sind;
- ein komplettes Sachregister zum Abschnitt *Das spanische Verbsystem*;
- ein Verbregister mit über 2200 Verben, ihrer deutschen Bedeutung und Hinweisen auf das Muster, dem sie folgen.

Ein wichtiges Merkmal des Buchs: in den Abschnitten *Das spanische Verbsystem* und *Spanische Modellverben* sind Beispiele angegeben, die viele der Verben im täglichen Sprachgebrauch zeigen.

DAS SPANISCHE VERBSYSTEM

Bei diesem Abschnitt benutzen Sie am besten die Inhaltsangabe und das *Sachregister*, um sich zurechtzufinden. Er beschreibt die Funktionen und Formen der Verben im allgemeinen. Sie finden Wissenswertes über den Gebrauch der Tempora, der Wortstellung sowie der Art und Weise, wie Verben andere Wortarten bestimmen und wie sie gebildet werden. Möglichkeiten zur Vermeidung des Passivs werden beschrieben, und andere typische Eigenheiten, wie z.B. Reflexivformen, der Konjunktiv, **ser** und **estar** und die Hilfsverben werden erklärt. Die wichtigsten vorhersagbaren und unregelmäßigen Charakteristika der Verben werden ebenfalls erklärt und häufig vorkommende unregelmäßige Verben angeführt.

MODELLVERBEN

Bei diesem Abschnitt hilft Ihnen das *Verbregister*, um sich zurechtzufinden. Er enthält die vollständige Konjugation eines wichtigen Modellverbs (**lavar**), das hier mit allen Aktiv- und Passivformen aufgeführt wird, sowie alle Tempora der anderen Verben in der Aktivform. Weiterhin finden Sie Modelle für die drei Gruppen regelmäßiger Verben sowie die gesamte

Reihe der Verben, bei denen es zu orthographischen Veränderung oder zu einer Änderung des Stammvokals kommt. Daran anschließend finden Sie alle häufig verwendeten unregelmäßigen Verben. Das sind insgesamt 58 Modellverben.

Die Konjugation jedes Verbs wird in allen benutzbaren Tempora angegeben. Tempora, die in irgendeiner Weise unregelmäßig sind, werden vollständig aufgeführt. Bei Tempora, die vorhersagbar sind, und insbesondere bei den zusammengesetzten Tempora wird lediglich die erste Person Singular genannt. Sie genügt Ihnen, um die restlichen Formen dieser Tempora zu bilden. Wird ein Tempus daher nicht vollständig angegeben, können Sie Regelmäßigkeit voraussetzen.

Betrachten Sie zur Bildung der einfachen Tempora das erste Modellverb (**lavar**) oder eines der drei Modelle für regelmäßige Verben (Modellverben 2, 3 und 4), um die nötigen Endungen herauszufinden. Sehen Sie bei den zusammengesetzten Tempora in *Das spanische Verbsystem* nach, um festzustellen, welches Hilfsverb Sie in welchem Tempus brauchen. Dann sehen Sie das entsprechende Hilfsverb (**haber**, **estar** oder **ser**) in dem Abschnitt *Modellverben* nach.

Wo dies der Veranschaulichung dient, wird auf den Modellverbseiten auch folgendes angegeben:

• Eine Liste weiterer Verben, die dem gleichen Muster folgen. Nach Möglichkeit werden alle Verben angegeben. Ist die Liste jedoch zu lang, gibt man Ihnen eine Auswahl der am häufigsten vorkommenden Verben. Es gibt natürlich auch Verben, die alleine stehen, d.h. keine anderen folgen ihrem Modell.
•Anmerkungen zur Veranschaulichung der Hauptmerkmale des betreffenden Musters und etwaige Variationen oder zusätzliche Merkmale bei Verben, die grundsätzlich diesem Modell folgen.
• Kurze Dialoge, Texte oder Beispielsätze zur Veranschaulichung der verschiedenen Tempora und Verwendungsarten dieser Verben.

Weitere Informationen über die Funktionsweise des Verbsystems finden Sie in *Das spanische Verbsystem.*

SACHREGISTER

Im *Sachregister* sind die im Abschnitt *Das spanische Verbsystem* gebrauchten wichtigsten grammatikalischen Begriffe aufgeführt.

VERBREGISTER

Bei jedem der 2200 Verben ist angegeben, ob es transitiv (*tr*), intransitiv (*intr*) oder reflexiv (*refl*) ist, und wie es auf deutsch heißt. Zweitbedeutungen und idiomatische Ausdrücke, die häufig verwendete Verben gebrauchen, werden ebenfalls angegeben. Und schließlich wird bei jedem Verb auch vermerkt, welchem Modellverb-Muster es folgt.

* **jugar (a)** *(intr)* spielen; eine Rolle spielen; verspielen; wetten **21**
jugar el papel de *(intr)* eine Rolle spielen

Bei einigen Verben gibt es mehr als eine vorhersagbare oder nicht vorhersagbare Abweichung von der Norm. Nach diesen Verben stehen zwei Zahlen. Ziehen Sie in diesem Fall immer beide Modellverb-Seiten zu Rate.

WIE SIE DIE GEWÜNSCHTE INFORMATION FINDEN

Wenn Sie die Form, Bedeutung oder den Gebrauch eines Verbs nachprüfen wollen, schlagen Sie als erstes das Verb im *Verbregister* nach, wo Sie eine Reihe von Informationen finden:

• Bei welchen Verben es sich um Modellverben handelt (mit Sternchen gekennzeichnet);

* **abrir** *(tr/intr)* öffnen, eröffnen, anfangen **25**

• Etwaige Präpositionen, die normalerweise nach dem Verb stehen;

echar la culpa a *(tr)* die Schuld schieben auf **2**

• Ob das Verb transitiv (*tr*), intransitiv (*intr*) oder reflexiv (*refl*) ist;

acabar *(tr)* beendigen, (voll)enden; zustandebringen **2**

• Die wichtigste deutsche Bedeutung des Verbs und häufig verwendete idiomatische Anwendungen;

entregar *(tr)* aushändigen, übergeben, abliefern; einzahlen **7**
entregarse a *(refl)* süchtig werden

• Eine Zahl, die anzeigt, unter welchem Modellverb Sie weitere Informationen über das Verb oder ähnliche Verben finden.

absorber *(tr)* aufnehmen, absorbieren **3**

A

DAS SPANISCHE VERBSYSTEM

1	*Was Verben tun*
2	*Was Verben bestimmen*
3	*Einstellung zur Handlung: modale Hilfsverben*
4	*Von Zeit unabhängige Verbformen*
5	*Zeitverlauf und der Gebrauch der Tempora*
6	*Angabe wahrscheinlicher Tatsachen: der Indikativ*
7	*Aufforderungen und Befehle: der Imperativ*
8	*Ungewißheiten: der Konjunktiv*
9	*Dinge, die man erleidet: das Passiv*
10	*Die verschiedenen Gruppen spanischer Verben*
11	*Reflexive Verben*

1 Was Verben tun

➤ [Für eine ausführlichere Beschreibung von Funktionen und Gebrauch spanischer Verben ➤ *Basiswissen Spanisch: Grammatik,* Teil C.]

1a *Vollverben*

Der größte Teil aller Verben im Spanischen sagt etwas über die Tätigkeit, den Zustand oder die (sich möglicherweise ändernde) Situation des Satzsubjekts aus. Wir bezeichnen sie als *Vollverben.*

Vivo **en una casa.**	Ich *wohne* in einem Haus.
Tenemos **un perro.**	Wir *haben* ein Hund.

1b *Hilfsverben*

Eine sehr viel kleinere Gruppe von Verben wird fast ausschließlich dazu gebraucht, den Sinn des Vollverbs zu ergänzen, zum Beispiel, um eine zusammengesetzte Zeit zu bilden oder einen Kommentar zu einer bestimmten Tätigkeit abzugeben. Sie werden daher als *Hilfsverben* bezeichnet.

He **comprado una casa.**	Ich *habe* ein Haus gekauft.
Suelo **ir a la oficina en coche.**	Ich fahre *gewöhnlich* mit dem Auto ins Büro.

1c *Verben mit Doppelrolle*

Einige Verben können entweder in ihrer vollen Bedeutung oder als Hilfsverb benutzt werden. **Estar** »sein«, zum Beispiel, wird hauptsächlich gebraucht, um den Standort oder das Befinden oder den Zustand einer Sache oder einer Person auszudrükken. Es wird jedoch auch als Hilfsverb für das Gerundium benutzt, das die Dauer einer Handlung ausdrückt oder klarstellt, daß man gerade dabei ist, etwas zu tun.

Está **en la cocina.**	*Sie ist* in der Küche.
Está **preparando la cena.**	*Sie bereitet* (gerade) das Abendessen zu.

2 Was Verben bestimmen

Jeder Satz kann außer Subjekt und Hauptverb zahlreiche zusätzliche Informationen enthalten. Einige davon hängen direkt vom Hauptverb ab und können nicht ausgelassen werden, ohne daß der Satz unvollständig wird. Man bezeichnet sie als *vom Verb bestimmt.*

2a *Verben, die keine weitere Ergänzung brauchen (intransitive Verben)*

Manche Verben sind normalerweise nicht mit einem Objekt verbunden [➤2c], auch wenn der Satz adverbiale Bestimmungen enthalten mag, die zu seinem Sinn beitragen. Diese Verben bezeichnet man als *intransitive Verben.* In Verblisten und Wörterbüchern werden sie mit (intr) gekennzeichnet.

***Partimos* a las dos.**	*Wir fahren* um zwei Uhr *los.*

Wir fahren los ergibt schon alleine einen Sinn. Obwohl wir wissen, wann wir losfahren (um zwei Uhr), ist diese Information für den grundlegenden Sinn des Satzes nicht notwendig.

2b *Verben, die Gleiches verbinden: die Sinnergänzung*

Eine kleine Zahl von Verben tut nichts anderes, als das Subjekt mit einem anderen Wort oder Ausdruck, d.h. der *Sinnergänzung* des Verbs, zu verbinden. Diese Ergänzung steht im Nominativ und bezieht sich in diesem Fall auf die gleiche Person oder Sache wie das Subjekt.

Mi padre fue *profesor.*	Mein Vater war *Lehrer.*

Man sieht, daß die Sinnergänzung (**profesor**) sich auf das Subjekt bezieht (**mi padre**).

2c *Verben, die ein Objekt haben (transitive Verben)*

Viele Verben sind mit einem *direkten Objekt* (d.h. der Person oder Sache, die vom Hauptverb beeinflußt wird) verbunden. Sie sind *transitiv.* In Verblisten und Wörterbüchern werden sie gewöhnlich mit (tr) gekennzeichnet. Ein direktes Objekt antwortet auf die Frage *was?* oder *wen?* Intransitive Verben besitzen kein direktes Objekt.

Mi amigo compró *un perro.*	Mein Freund kaufte *einen Hund.*

Hier war es ein Hund, den mein Freund kaufte. Der Hund ist daher das direkte Objekt von *kaufte.*

2d Verben, die transitiv oder intransitiv sein können

Zahlreiche spanische Verben sind sowohl transitiv als auch intransitiv, das heißt, sie können entweder alleine stehen oder ein Objekt haben. Sie werden mit (tr/intr) gekennzeichnet.

Mis amigos leen mucho, pero normalmente *leen* novelas.	Meine Freunde *lesen* viel. Sie *lesen* jedoch normalerweise Romane.

2e Verben, die zwei Objekte haben – ein direktes und ein indirektes

Einige transitive Verben beschreiben die Übergabe des direkten Objekts an eine andere Person (oder möglicherweise Sache). Diese Person wird dann zum *indirekten Objekt* des Verbs. Dieser Gedanke läßt sich bei einigen Verben erweitern, um Personen mit einzubeziehen, die indirekt von der Handlung des Verbs betroffen werden. Das indirekte Objekt antwortet auf die Frage *wem?* oder *für wen?*.

Siempre le da *diez pesetas al mendigo.*	Er gibt *dem Bettler* immer *zehn Peseten.*

Das Geld ist das direkte Objekt und der Bettler das indirekte.

2f Reflexive Verben: Objekte beziehen sich auf das Subjekt

Einige Verben drücken eine Handlung aus, die auf das Subjekt »zurückfällt« oder »reflektiert«. Um es anders auszudrükken: das Subjekt und das Objekt sind gleich. Man nennt diese Verben *reflexive Verben*; die meisten lassen sich auch als gewöhnliche transitive Verben gebrauchen (z.B. **lavar** »waschen«, **lavarse** »sich waschen«). Manche Verben sind im Spanischen reflexiv, jedoch nicht im Deutschen.

Se marchó.	Er *ging* fort.
Todos los días, *se paseaba* por el parque.	Er *pflegte* jeden Tag im Park *spazierenzugehen.*
***Me levanto* cada día a las siete.**	Ich *stehe* jeden Morgen um sieben *auf.*

2g *Verben mit Präposition*

Viele Verben, einschließlich Verben, die Bewegung ausdrükken oder eine Situation beschreiben, werden durch ein Adverb oder einen präpositionalen Ausdruck unterstützt.

Estamos *aquí.*	Wir sind *hier.*
Vive *en aquella casa.*	Er wohnt *in diesem Haus.*

2h *Verben, die Verben bestimmen*

(i) *Verben + Infinitiv*

Die spanische Sprache hat viele Ausdrücke, die auf einem modalen Hilfsverb basieren [➤3 nachstehend].

***Queremos salir* a las ocho.**	Wir *wollen* um acht Uhr *ausgehen.*
Me gusta* mucho *bailar.	Ich *tanze* sehr *gern.*
¿Sabes nadar?	*Kannst* du *schwimmen?*

(ii) *Verben + Präposition + Infinitiv*

Die spanische Sprache kennt auch eine Reihe dieser Strukturen, die den vorstehenden sehr ähnlich sind, bei denen jedoch zwischen Hilfsverb und Hauptverb eine Präposition steht.

***Vamos a cenar* en un restaurante.**	Wir *werden* im Restaurant *essen.*
Acababan de llegar.	Sie *waren* gerade *angekommen.*
***Salió sin cerrar* la puerta**	Sie *ging hinaus, ohne* die Tür *zu schließen*

(iii) *Verben + Partizip*

(A) Verb + Partizip Präsens: im Spanischen hat man die Möglichkeit, eine Handlung während ihres Verlaufs zu beschreiben. Dies geschieht unter Verwendung des Verbs **estar** »sein« mit dem Partizip Präsens. Spanischlehrer/innen bezeichnen diese Form gewöhnlich als *Gerundium* (=Verlaufsform, d.h. man ist gerade dabei etwas zu tun).

Estábamos comiendo **cuando llegó.**	Als er ankam, *waren wir* (gerade) *beim Essen.*

(B) Verb + Partizip Perfekt: Ereignisse in der Vergangenheit lassen sich durch Verwendung des Hilfsverbs **haber** plus Partizip Perfekt beschreiben. Weiterhin wird **ser** zusammen mit einem Partizip Perfekt zur Bildung des Passivs [➤9] verwendet und **estar** plus Partizip Perfekt kann benutzt werden, um einen Zustand zu beschreiben, der aufgrund einer Handlung entstand.

He comprado **un sombrero.**	Ich *habe* einen Hut *gekauft.*
La nueva guía ***será publicada*** **en mayo.**	Der neue Führer *wird* im Mai *veröffentlicht werden.*
La ventana ***está rota.***	Das Fenster *ist* kaputt.

2i *Die Stellung des Verbs im Satz*

(i) Die Wortstellung in einem spanischen Satz ist relativ flexibel. Hier ist Erfahrung mit der Sprache sehr viel nützlicher als verbindliche, feste Regeln.

(ii) Ein wichtiger Unterschied zum Deutschen ist, daß spanische Verben gewöhnlich ohne Personalpronomen verwendet werden [➤10a]. Der Grund dafür ist, daß jede Verb-Endung klar und deutlich ist, nicht nur in der Schriftsprache sondern auch beim gesprochenen Wort. Die Endung des Verbs selbst macht daher klar, welche Person oder Sache gemeint ist. Es ist daher nicht notwendig, Pronomen für das Subjekt zu benutzen. Pronomen werden jedoch dann verwendet, wenn Betonung beabsichtigt ist, etwas hervorgehoben werden soll oder man mögliche Unklarheit vermeiden möchte.

¿Quién rompió la ventana?	Wer hat das Fenster kaputtgemacht?
–¡La rompió *él*, señor!	Das war *er*, Herr Lehrer!
Bueno, *yo* voy al teatro y *tú* vas al cine, ¿no es eso?	Nun gut, *ich* gehe ins Theater, und *du* gehst ins Kino, stimmt's?
¿Tiene *usted* coche?	Haben *Sie* ein Auto?

(iii) *Fragen*

Fragen werden im Deutschen normalerweise durch Inversion von Verb und Subjekt gebildet. Im Spanischen ist dies ebenfalls möglich, jedoch nicht ganz so üblich – und besonders dann nicht, wenn kein Personalpronomen benutzt wurde. Fragen werden in der Schriftsprache stattdessen durch die Verwendung eines invertierten Fragezeichens am Satzanfang angezeigt und beim Sprechen durch Heben der Stimme am Satzende (fragender Ausdruck – ganz ähnlich wie dies auch im Deutschen möglich ist) zum Ausdruck gebracht.

Mi madre tiene un coche nuevo.	Meine Mutter hat ein neues Auto.
¿Tu madre tiene un coche nuevo?	Deine Mutter hat ein neues Auto?
¿Tiene tu madre un coche nuevo?	Hat Deine Mutter ein neues Auto?
Tienes muchos amigos.	Du hast viele Freunde.
¿Tienes muchos discos?	Hast du viele Schallplatten? (wörtlich: Du hast viele Schallplatten?)

(iv) *Verneinung*

Die Verneinung ist im Spanischen problemlos und hat auf die Stellung des Verbs im Satz keinen Einfluß. *Nein* und *nicht* werden beide mit **no** übersetzt, das direkt vor dem Verb und einem etwaigen abhängigen Pronomen steht.

Mi novio *no* va a la playa conmigo.	Mein Freund geht *nicht* mit mir zum Strand.
¿Lo tienes tú? – No, *no* lo tengo.	Hast du es? – Nein, ich habe es *nicht*.

¿Has recibido la carta?	Hast du den Brief bekommen?
– No, *no* la he recibido.	- Nein, ich habe ihn *nicht* bekommen.

No wird außerdem auch zusammen mit anderen, nach dem Verb stehenden negativen Ausdrücken gebraucht (**nada**, **nunca**, **nadie**, usw.).

***No* le dije *nada*.**	Ich sagte ihm *nichts*.
***No* fuimos *nunca* a Bogotá.**	Wir fuhren *nie* nach Bogotá.
***No* conocí a *nadie* en Las Vegas.**	Ich lernte *niemand* in Las Vegas kennen.

N.B. **Nadie** (und manchmal auch **nada**) kann am Satzanfang stehen. In diesem Fall ist es nicht notwendig, auch **no** zu benutzen. Die Stellung des Verbs im Satz wird davon nicht betroffen.

***Nadie* llama a la puerta.**	*Niemand* ist an der Tür.
***Nada* tengo en el bolsillo.**	*Nichts* habe ich in meiner Tasche.

3 Einstellung zur Handlung: modale Hilfsverben

3a *Die Funktion modaler Hilfsverben*

Wie bereits in 2h(i) vorstehend erwähnt, werden Vollverben durch modale Hilfsverben modifiziert. Mit ihnen wird eine zusätzliche Möglichkeit, ein Wunsch oder eine Verpflichtung zum Ausdruck gebracht. Sie gebrauchen die gleiche Person und das gleiche Tempus, gefolgt vom Infinitiv des Vollverbs.

3b *Die modalen Hilfsverben im Spanischen und ihre Bedeutung*

Nachstehend werden die wichtigsten, im Spanischen gebrauchten modalen Hilfsverben aufgeführt.

(i) **poder** *können*

No puedo **ir contigo.**	Ich *kann* nicht mit dir gehen.

(ii) **querer** *mögen, wollen*

La actriz no *quería* decir más.	Die Schauspielerin *wollte* nichts mehr sagen.

(iii) **gustar** *mögen, gern tun*

No le *gustaba* bailar. **¿Te *gustaría* salir conmigo?**	Er *tanzte* nicht gern. *Möchtest* du mit mir ausgehen?

(iv) **deber** *sollen, müssen*

Deberían **escuchar al profesor.**	Er *muß* sehr reich sein. Sie *sollten* dem Lehrer zuhören.

(v) ***deber de*** *müssen*

Hier wird das Verb zum Ausdruck einer logischen Folgerung oder Wahrscheinlichkeit verwendet.

Debe de **estar ya en Buenos Aires.**	Er *muß* jetzt in Buenos Aires sein.

(vi) ***tener que*** *müssen*

Tenemos que **volver a casa.**	Wir *müssen* heimgehen.

(vii) ***dejar*** *lassen, erlauben*

Mis padres no me *dejan* salir.	Meine Eltern *lassen* mich nicht ausgehen.

(viii) ***permitir*** *gestatten, erlauben*

No se *permite* aparcar aquí.	Parken ist hier nicht *erlaubt*.

(ix) ***hacer*** *machen, tun, (veran)lassen*

Voy a *hacer* reparar mi coche.	Ich werde meinen Wagen reparieren *lassen*.

N.B. **Gustar** (und andere Verben wie z.B. **apetecer**) bezeichnet man als unpersönliches Verb. Weitere Einzelheiten ➤ *Basiswissen Spanisch: Grammatik*.

4 Zeitunabhängige Verbformen

Verben sind sehr vielseitig. Eine einzige Verbform gibt Ihnen normalerweise dreierlei Informationen. Sie sagt Ihnen nicht nur, auf *welche* Grundhandlung man sich bezieht oder *welcher* abstrakte Verbgedanke zugrundeliegt, sondern auch *wer* verantwortlich ist und *wann* etwas geschieht. Es gibt jedoch auch einige Verbformen, die weder Zeit noch Person angeben.

4a Der Infinitiv

Der wichtigste Teil des Verbs, den man in Verblisten oder Wörterbüchern – und natürlich im *Verbregister* dieses Buchs – findet, ist der *Infinitiv.* Er erklärt lediglich, *was* beschrieben wird. Der Infinitiv aller spanischen Verben besitzt eine der folgenden Endungen: **-ar**, **-er**, **-ir** (z.B. **lav*ar***, **com*er***, **viv*ir***).

4b Die beiden Partizipien

(i) Partizip Präsens

Diese Verbform wird oft gebraucht, um den Fortgang einer Handlung zu beschreiben; im Spanischen bezeichnet man sie als *Gerundium.* Sie besteht aus dem Stamm des Verbs und der Endung **-ando** (**-ar** Verben) oder **-iendo** (Verben auf **-er** und **-ir**) und wird mit dem Hilfsverb **estar** gebraucht, um eine progressive oder im Verlauf befindliche Handlung auszudrükken [➤6a(ii), 6b(ii)]. Das Gerundium kann jedoch auch alleine gebraucht werden, vorausgesetzt es bezieht sich auf das gleiche Subjekt wie das andere Verb im Satz.

La chica está *dibujando* un gato.	Das Mädchen ist *dabei*, eine Katze *zu zeichnen.*
Estaban *jugando* cuando los vi.	Sie *spielten gerade*, als ich sie sah.
***Cruzando* la calle, vi un coche rojo.**	Als ich *gerade* die Straße *überquerte*, sah ich ein rotes Auto.

(ii) Partizip Perfekt

Diese Verbform gebraucht man, um eine abgeschlossene Handlung zu beschreiben. Im Spanischen endet sie mit **-ado**

(Verben auf **-ar**) oder **-ido** (Verben auf **-er** und **-ir**). Das Partizip Perfekt unregelmäßiger Verben finden Sie in 6b(iv). Es wird häufig mit dem Hilfsverb **haber** gebraucht, um die zusammengesetzten Formen der Vergangenheit und andere zusammengesetzte Tempora zu bilden. Es wird jedoch oft auch anders verwendet: z.B. als Adjektiv und zur Bildung des Passiv – wie im Deutschen. Wird es zusammen mit **haber** zur Bildung der zusammengesetzten Tempora gebraucht, wird das Partizip Perfekt *nicht* verändert. In anderen Fällen ist jedoch Übereinstimmung notwendig.

Le hemos *visto* dos veces.	Wir haben ihn zweimal *gesehen.*
Estos son los cuadros *pintados* por Picasso.	Das sind die von Picasso *gemalten* Bilder.
En la calle había unas botellas *rotas*.	Auf der Straße lagen ein paar *zerbrochene* Flaschen.
Esta casa fue *construida* por Mateos S.A.	Dieses Haus wurde von Mateos S.A. *gebaut.*

N.B. Die vier vorstehenden Beispiele zeigen die verschiedenen Verwendungsmöglichkeiten des Partizip Perfekt: im ersten Satz als Teil eines zusammengesetzten Tempus, in den nächsten beiden als Adjektiv und im vierten Satz zur Bildung des Passiv.

In den letzten drei Beispielen stimmt das Partizip Perfekt im Spanischen mit dem Substantiv überein, auf das es sich bezieht. Dies geschieht immer, wenn es als Adjektiv oder zur Bildung des Passivs gebraucht wird.

5 Zeitverlauf und der Gebrauch der Tempora

5a *Was sagen uns die Tempora?*

»Tempus« ist nicht das gleiche wie »Zeit«, auch wenn oft das gleiche Wort für beides verwendet wird. Zeit ist ein Faktum, das nur in drei Zeitzonen eingeteilt werden kann (Vergangenheit, Gegenwart und Zukunft). Tempora jedoch sind grammatische Strukturen, die oft auch wiedergeben, wie man ein Ereignis sieht und nicht nur festhalten, wann etwas geschehen ist. Die Zahl der Tempora und auch die Namen, die ihnen gegeben werden, variieren von einer Sprache zur anderen.

5b *Ein Wort oder zwei? Einfache und zusammengesetzte Tempora*

Die meisten Verbformen bestehen aus zwei Teilen: der erste Teil beschreibt, *was* vorgeht; dieser erste Teil wird als der *Stamm* des Verbs bezeichnet. Das ist bei den meisten Tempora der Infinitiv ohne **-ar**, **-er** oder **-ir** (z.B. bei den Verben **lavar**, **comer** und **vivir** ist der Stamm **lav-**, **com-** und **viv-**). Der zweite Teil der Verbform definiert *wer* verantwortlich ist und *wann* etwas geschieht. Wir unterscheiden zwei Arten von Tempora: einfache und zusammengesetzte.

(i) *Einfache Tempora*

Diese Formen bildet man durch Anhängen der speziellen Endungen an den Stamm des Verbs: der Stamm beschreibt die Handlung oder den Verbgedanken, die Endung informiert über das *wer* und *wann.*

(ii) *Zusammengesetzte Tempora*

Hier wird ein Hilfsverb zusammen mit einer spezifischen Form des Hauptverbs – einem Partizip oder dem Infinitiv selbst – verwendet.

In der Sprache der Grammatik ist ein einfaches Tempus daher eine Form, die aus einem Wort besteht, während das zusammengesetzte Tempus aus zwei oder mehreren besteht. Sieht man vom Passiv ab, bei dem alle Tempora zusammengesetzt sind, so gibt es im Spanischen fünf einfache Tempora (einschließlich Konjunktiv sieben) und sieben zusammengesetzte Tempora (einschließlich Konjunktiv neun). Dies ist nicht ganz so schlimm, wie es scheint, denn einige Tempora werden sehr wenig gebraucht – besonders in der gesprochenen Sprache. Es genügt daher wahrscheinlich, einfach in der Lage zu sein, diese Formen zu erkennen, wenn Sie Spanisch hören oder lesen. Und sobald Sie wissen, wie die Hilfsverben **haber**, **ser** und **estar** gebraucht werden, können Sie jede zusammengesetzte Form durch Hinzufügen des notwendigen Partizips bilden.

N.B. Verb-Endungen sind im Spanischen sowohl in der Schriftsprache als auch in der gesprochenen Sprache klar und deutlich erkennbar. Subjektpronomen (die in 10a nachstehend aufgeführten Personalpronomen) werden daher normalerweise nicht gebraucht, denn die Verb-Endung selbst macht ganz klar, *wer* betroffen ist [➤2i(ii)].

5c Hilfsverben zur Bildung der zusammengesetzten Tempora

Die zusammengesetzten Tempora bestehen im Spanischen aus zwei Gruppen. Jede verwendet ein anderes Hilfsverb.

(i) Progressiv-/Verlaufsformen

Sie werden gebraucht, um Handlungen zu beschreiben, die zu dem Zeitpunkt gerade stattfinden, an dem sie erwähnt werden. Die spanische Sprache gebraucht die entsprechende Form des Verbs **estar**, gefolgt vom Gerundium [➤4b(i)]. Die beiden wichtigsten Tempora dieser Art sind die Progressiv-/Verlaufsformen im Präsens und Imperfekt: beide beschreiben eine Handlung auf deutlichere, lebhaftere Weise als ihr entsprechendes Gegenstück im Präsens oder Imperfekt. [➤6a(ii) und 6b(ii) nachstehend].

¿No lo oyes? *Están cantando* en español.	Hörst du nicht? Sie *singen* (*gerade*) auf Spanisch.
Cuando me llamaste, *estaba planchando* una camisa.	Als du anriefst, *bügelte* ich (*gerade*) ein Hemd.

(ii) Die zusammengesetzten Formen der Vergangenheit

Im Deutschen werden sie mit der entsprechenden Form der Verben *haben* oder *sein* gebildet. Die spanische Sprache gebraucht dagegen nur eine Hilfsverb, nämlich das Verb **haber** gefolgt vom Partizip Perfekt.

N.B. Abgesehen vom Gebrauch von **hay**, **había**, etc. mit der Bedeutung *es gibt/es gab*, etc. wird das Verb **haber** nur als Hilfsverb verwendet. Um den Gedanken des Besitzes auszudrücken, gebraucht die spanische Sprache normalerweise das Verb **tener**.

Mi padre *ha alquilado* una casa nueva.	Mein Vater *hat* ein neues Haus *gemietet.*
***Habían visto* a Mariluz en la discoteca.**	Sie *hatten* Mariluz in der Disko *gesehen.*

N.B. Das Partizip Perfekt wird auch bei allen Passivformen gebraucht [➤9].

6 Angaben wahrscheinlicher Tatsachen: der Indikativ

Machen Verbformen und Tempora eine definitive Aussage, so bezeichnet man dies als den *Indikativ*. [Bitte mit dem Konjunktiv ➤8 vergleichen.] Der Gebrauch des Indikativ stimmt im allgemeinen mit dem Deutschen überein).

Bei allen Verben gibt es einige Tempora, deren Stamm und Endungen vorhergesagt werden können, wenn Sie eine der anderen Formen des Verbs kennen. Verbformen, die sich auf diese Weise nicht bestimmen lassen, müssen gelernt werden. Sobald Sie jedoch diese Hauptformen des Verbs kennen, ist es normalerweise möglich, die restlichen vorherzubestimmen. Hier hilft es, wenn man weiß, wie man den Stamm findet, an den die Endungen für die verschiedenen Tempora angehängt werden, und welche orthographischen Veränderungen eventuell vorzunehmen sind. Nachstehender Abschnitt führt an, wie die Tempora hauptsächlich gebraucht werden, und erklärt, wie man Stamm und Endungen dafür ableitet. Gleichzeitig werden Sie vor möglichen Klippen gewarnt, die umgangen werden müssen.

6a *Präsens*

Das Präsens wird im Spanischen zur Schilderung des nachstehenden verwendet:

- Die *jetzige* Situation.

En este momento mi amigo *habla* con el profesor de inglés.	Mein Freund *spricht* im Augenblick mit *dem* Englischlehrer.

- Was *manchmal* oder *normalerweise* geschieht.

En la clase de español, sólo *hablamos* español.	In der Spanischklasse *sprechen* wir nur Spanisch.

- Was (*recht*) *bald* geschehen wird.

Mañana me *voy* a Caracas.	Morgen *fahre* ich nach Caracas.

• Was *bisher* geschehen ist und wahrscheinlich auch weiterhin geschieht.

***Llevamos* diez minutos *esperando*.**	Wir *warten* (*bereits*) seit zehn Minuten.
***Estudio* español desde hace cuatro años.**	Ich *studiere* seit vier Jahren Spanisch.

(i) *Einfaches Präsens*

Diese Verbform wird gebildet, indem man eine Reihe von Endungen an den Stamm anhängt; den Stamm leitet man aus dem Infinitiv ab, dessen Endungen **-ar**, **-er**, **-ir** man abtrennt.

comprar *(kaufen)*	***comer*** *(essen)*	***vivir*** *(leben)*
compro	como	vivo
compras	comes	vives
compra	come	vive
compramos	comemos	vivimos
compráis	coméis	vivís
compran	comen	viven

Bei folgendem müssen Sie aufpassen [➤10b].
• Verben mit orthographischen Veränderungen im letzten Konsonanten ihres Stamms ➤10b (ii).
• Verben, die den Stammvokal ändern (alle Gruppen) ➤10b (v)].
• Verben, deren Stamm in der 1. Person Singular auf **-g-** endet (**poner**, usw.) ➤10b (vi).
• Verben, deren Stamm in der 1. Person Singular auf **-zc-** endet (**-ocer**, **-ecer**, **-ucir**) ➤10b (vii).
• Verben, die auf **-uir** enden (**concluir**, usw.) ➤10b (iii).
• Verben, deren 1. Person Singular auf **-oy** endet (**dar**, **estar**, **ir**, **ser**) ➤10b (viii).

Andere unregelmäßige Verben: bitte unter *Modellverben* nachschlagen.

(ii) *Präsens der Progressiv-/Verlaufsform*

Diese Verbform bildet man unter Verwendung des Präsens von **estar** mit der Gerundiumform [➤4b(i)].

comprar – comprando **comer – comiendo** **vivir – viviendo**

N.B. Das Gerundium kennt folgende Unregelmäßigkeiten.

•Steht das **-i-** der Endung zwischen zwei Vokalen, wird es zum **-y**: **leer** »lesen« ➜ **leyendo**, **oir** »hören« ➜ **oyendo** und andere [➤Modellverben 12, 13].

• Das **-i-** wird nach **-ll-** und **-ñ-** weggelassen: **zambullir** »(ein)tauchen« ➜ **zambullendo**, **gruñir** »grunzen« ➜ **gruñendo**.

• Der betonte Vokal einiger Verben, die den Stammvokal ändern, ändert sich: **dormir** »schlafen« ➜ **durmiendo**, **vestir** »anziehen« ➜ **vistiendo**, usw.

6b Vergangenheitsformen

(i) Indikativ Imperfekt

Diese Form gebraucht man:

• für wiederholte oder gewohnte Handlungen in der Vergangenheit;

• zur Beschreibung von Dingen oder Menschen in der Vergangenheit;

• zur Schilderung von andauernden Handlungen in der Vergangenheit, oft als Rahmen oder Schauplatz für andere Handlungen.

***Iba* a La Habana todos los años.**	Er *fuhr* jedes Jahr nach Havanna.
***Era* una pequeña casa blanca.**	Es *war* ein kleines weißes Haus.
***Escribía* una carta cuando entré.**	Als ich hereinkam, *schrieb* er einen Brief.

Der Indikativ Imperfekt wird durch Abtrennen der Infinitivendung und Anhängen nachstehender Endungen gebildet:

compraba	comía	vivía
comprabas	comías	vivías
compraba	comía	vivía
comprábamos	comíamos	vivíamos
comprabais	comíais	vivíais
compraban	comían	vivían

N.B. Nachstehende Verben sind im Imperfekt unregelmäßig:

ser *(sein)*	***ir*** *(gehen)*
era	iba
eras	ibas
era	iba
éramos	íbamos
erais	ibais
eran	iban

Ver »sehen« behält das **-e** bei: **veía**, usw.

(ii) *Imperfekt der Progressiv-/Verlaufsform*

Diese Form wird oft benutzt, wenn die anschaulichere Beschreibung einer andauernden Handlung notwendig ist. Man bildet sie mit Hilfe der entsprechenden Imperfektform von **estar**, gefolgt vom Gerundium [➤5c(i) und vgl. 6a(ii)].

Cuando llegaste, yo *estaba planchando* mi camisa.	Als du ankamst, *bügelte* ich (*gerade*) mein Hemd.

(iii) *Pretérito*

Das **pretérito** gebraucht man, um eine einmalige, abgeschlossene Handlung in der Vergangenheit zu beschreiben, selbst wenn sie sich über einen langen Zeitraum abspielte. Die Voraussetzung ist, daß der genaue Zeitraum definiert wird.

***Compraron* este terreno el año pasado.**	Sie *kauften* dieses Land letztes Jahr.
***Vivió* unos veinte años en Caracas.**	Sie *lebte* etwa zwanzig Jahre lang in Caracas.

Diese Form wird durch Abtrennen der Infinitivendung und Anhängen der nachstehend aufgeführten Endungen gebildet. Achten Sie auf die betonten Endungen in der 1. und 3. Person Singular.

compré	comí	viví
compraste	comiste	viviste
compró	comió	vivió
compramos	comimos	vivimos
comprasteis	comisteis	vivisteis
compraron	comieron	vivieron

N.B. Aufpassen bei der im Spanischen als **pretérito grave** bezeichneten Form [➤10b(ix)]. Hier wird die Endung der 1. und 3. Person Singular nicht betont und der Stamm kann sehr unregelmäßig sein. Verben dieser Art werden im Abschnitt *Modellverben* mit (*pg*) gekennzeichnet. Zu ihnen gehören einige sehr häufig vorkommende Verben (**querer**, **tener**, **decir**, **poder**, usw.)

tener *(haben)*	***decir*** *(sagen)*
tuve	dije
tuviste	dijiste
tuvo	dijo

tuvimos	dijimos
tuvisteis	dijisteis
tuvieron	dijeron

Die nachstehenden Verbarten haben weitere Unregelmäßigkeiten. Bitte sehen Sie im entsprechenden Absatz oder Abschnitt nach.

- Verben, die den Stammvokal ändern [➤10b (v)], Gruppe 2 und 3.
- Verben mit orthographischen Veränderungen [➤10b(ii)].
- **Dar**, **ir**, **ser** [➤*Modellverben*].
- Verben, bei denen die Endung **-ieron** auf einen Vokal, auf **-ll-** oder auf **-ñ-** folgt [➤*Modellverben*].

(iv) Die restlichen Vergangenheitsformen des Spanischen sind zusammengesetzte Tempora. Man bildet sie unter Verwendung der entsprechenden Tempora des Hilfsverbs haber [➤Modellverben] mit dem Partizip Perfekt des Verbs [➤4b(ii) und 6b(v)]. Merken Sie sich nachstehende Unregelmäßigkeiten des Partizips Perfekt.

abrir	**abierto**	öffnen
cubrir	**cubierto**	(be-, zu-)decken
descubrir	**descubierto**	entdecken, aufdecken
decir	**dicho**	sagen, sprechen
disolver	**disuelto**	auflösen
escribir	**escrito**	schreiben
freír	**frito**	braten
hacer	**hecho**	machen, tun
poner	**puesto**	(hin-)legen, stellen, setzen
resolver	**resuelto**	entscheiden, (auf-)lösen
romper	**roto**	brechen
ver	**visto**	sehen
volver	**vuelto**	(um-)drehen, wenden, umkehren

N.B. Die gleichen Unregelmäßigkeiten kommen beim Partizip Perfekt von Zusammensetzungen dieser Verben vor.

(v) Das Partizip Perfekt wird mit den entsprechenden Tempora des Hilfsverbs **haber** gebraucht, um nachstehende zusammengesetzte Tempora zu bilden.

(A) Perfekt (Präsens von **haber** + Partizip Perfekt)
Das Perfekt wird im Spanischen normalerweise gebraucht, um

Handlungen zu beschreiben, die erst kürzlich stattgefunden haben; das **pretérito** kann jedoch auf ganz ähnliche Weise gebraucht werden.

***Hemos terminado* el trabajo.**	Wir *haben* die Arbeit *beendet.*

(B) Plusquamperfekt (Imperfekt von **haber** + Partizip Perfekt)
Das Plusquamperfekt gebraucht man, um aus einer Zeit, die bereits in der Vergangenheit liegt, einen weiteren Schritt in die Vergangenheit zurückzugehen. Es entspricht etwa dem deutschen *hatte/war ...*

***Habían hablado* con el médico.**	Sie *hatten* mit dem Arzt *gesprochen.*

(C) Pretérito anterior (**pretérito** von **haber** + Partizip Perfekt)
Das **pretérito anterior** hat die gleiche Bedeutung wie das Plusquamperfekt, d.h. es beschreibt eine Handlung, *die bereits stattgefunden hatte, als ...* Es wird nach bestimmten Ausdrükken anstelle des Plusquamperfekts verwendet und kommt relativ selten vor. [Weitere Erläuterungen ➤*Basiswissen Spanisch: Grammatik.*]

Apenas *hube terminado* de desayunar, salí de casa.	Kaum *hatte* ich zu Ende *gefrühstückt,* verließ ich das Haus.

(D) Futur II (Futur von **haber** + Partizip Perfekt)
Das Futur II gebraucht man zum Ausdruck der Vergangenheit in der Zukunft, d.h. man macht in der Zukunft einen Schritt zurück. Es entspricht etwa dem deutschen *wird ... haben/sein.*

***Habrá comido* ya, y no querrá nada.**	Er *wird* bereits *gegessen haben* und nichts (mehr) wollen.

(E) Konditional II (Konditional von **haber** + Partizip Perfekt)

Das Konditional II wird zum Ausdruck einer Hypothese oder unsicheren Behauptung verwendet.

***Habríamos tomado el sol,* pero llovía.**	Wir *würden* uns in die Sonne *gelegt haben,* aber es regnete.

N.B. Diese Form wird im Deutschen meist durch Plusquamperfekt Konjunktiv ersetzt:

Habríamos **tomado el sol, pero llovía.**	Wir *hätten* uns in die Sonne *gelegt*, aber es regnete.

6c Zukunft

Im Spanischen haben wir zwei Möglichkeiten, um die Zukunft auszudrücken: **ir a** plus Infinitiv oder *Futur I*.

(i) ***ir a*** *+ Infinitiv*

Mit dieser Konstruktion drückt man aus, daß etwas in unmittelbarer Zukunft geschehen wird.

Vamos a bañarnos **en el mar.**	Wir *sind im Begriff*, im Meer *schwimmen* zu gehen.
Este señor ***va a volver*** **mañana.**	Dieser Herr *wird* morgen *zurückkommen*.

(ii) Futur I

Das *einfache Futur* oder *Futur I* wird in folgenden Fällen gebraucht:

- Für Handlungen, von denen man erwartet, daß sie in der Zukunft stattfinden.

La semana que viene, ***iremos*** **a Valparaíso.**	Nächste Woche *werden* wir nach Valparaiso *fahren*.

- Zum Ausdruck eines Befehls.

Después de comer, ***lavarás*** **los platos, ¿no?**	Nach dem Essen *wirst* du *abwaschen*, nicht wahr?

- Um etwas vorauszusagen.

Lloverá **esta tarde.**	Heute nachmittag *wird* es *regnen*.

- Zum Ausdruck der Wahrscheinlichkeit.

***Tendrá* unos sesenta años.**	Er *wird* etwa sechzig (Jahre alt) *sein.*

Sie bilden das Futur I, indem Sie an den *ganzen Infinitiv* die entsprechenden Endungen anhängen. Die einzig mögliche Unregelmäßigkeit kann im Stamm vorkommen, der immer auf **-r-** endet. (Siehe nachstehende unregelmäßige Stammformen.) Die Endungen für alle Verben sind gleich. Achten Sie darauf, daß alle Endungen außer **-emos** zur Betonung einen Akzent bekommen.

compraré	**comeré**	**viviré**
comprarás	**comerás**	**vivirás**
comprará	**comerá**	**vivirá**
compraremos	**comeremos**	**viviremos**
compraréis	**comeréis**	**viviréis**
comprarán	**comerán**	**vivirán**

N.B. Der Stamm nachstehender Verben ist unregelmäßig.

caber	**cabré**	fassen, enthalten sein
decir	**diré**	sagen
haber	**habré**	haben (Hilfsverb)
hacer	**haré**	tun, machen
poder	**podré**	können, vermögen
poner	**pondré**	(hin)legen, stellen, setzen
querer	**querré**	wünschen, wollen, lieben
saber	**sabré**	wissen
tener	**tendré**	haben
valer	**valdré**	wert sein
venir	**vendré**	kommen

Der Stamm von Zusammensetzungen dieser Verben zeigt die gleichen Unregelmäßigkeiten [➤10c].

6d *Konditional: Was wäre, wenn?*

Diese Form entspricht im weitesten Sinn der *würde*-Form im Deutschen. Sie drückt Handlungen aus, die unter bestimmten Bedingungen stattfinden könnten. Ebenso wird sie gebraucht, um Vermutungen oder Annahmen in der Vergangenheit auszudrücken. In der indirekten Rede wird sie gebraucht, um Aussagen im Futur wiederzugeben.

Me *gustaría comprarlos.*	Ich *würde* sie gerne *kaufen.*
Si tuviera dinero, *viviría* en San Francisco.	Wenn er Geld hätte, *würde* er in San Francisco *leben.*
***Tendría* unos diez años cuando la vi por última vez.**	Sie *wird* etwa zehn Jahre alt *gewesen sein*, als ich sie zuletzt sah.
Dijo que después de llegar, *llamaría* a su madre.	Er sagte, er *würde* nach seiner Ankunft seine Mutter *anrufen.*

Das Konditional hat den gleichen Stamm wie das Futur I [➤6c]. Die Endungen sind die gleichen wie die Imperfektendungen der Verben auf **-er/-ir** [➤6b(i)].

compraría	comería	viviría
comprarías	comerías	vivirías
compraría	comería	viviría
compraríamos	comeríamos	viviríamos
compraríais	comeríais	viviríais
comprarían	comerían	vivirían

N.B. Auch beim Konditional wird der gleiche unregelmäßige Stamm [➤6c] wie beim Futur I verwendet.

7 Aufforderungen und Befehle: der Imperativ

Befehle und Aufforderungen kann man auf verschiedene Weise erteilen.

• Man drückt eine Verpflichtung aus.

***Tienes que* limpiar tu cuarto.**	Du *mußt* dein Zimmer saubermachen.

• Man verwendet den Infinitiv.

***Lavar* bien antes de comer.**	Vor dem Essen gut *waschen.*

• Man gebraucht die Imperativform des Verbs. Nähere Erläuterungen nachstehend.

7a *Der positive Imperativ Singular: »du«*

Wird eine Person angesprochen, die Sie normalerweise mit »du« ansprechen (**tú** im Spanischen), so bildet man den positiven Imperativ durch Abtrennung des **-s** von der zweiten Person Singular des Indikativs Präsens.

compras → compra   comes → come   vives → vive

N.B. Nachstehende Verben haben unregelmäßige Imperativformen:

decir	di	salir	sal
hacer	haz	ser	sé
ir	ve	tener	ten
poner	pon	venir	ven

¡*Compra* el mejor vino de España!	*Kauf* den besten spanischen Wein!
¡*Sal* de ahí en seguida!	*Komm* sofort dort heraus!

Bitte beachten Sie auch, daß Pronomen im Spanischen an den nicht verneinten Imperativ angehängt werden. Aus diesem Grund ist in der Schriftsprache manchmal ein Akzent notwendig, damit die korrekte Betonung beibehalten wird.

Dímelo.	*Sag* es mir.

7b Der positive Imperativ Plural: »ihr«

Werden mehrere Personen angesprochen, die Sie vertraut mit »ihr« ansprechen (**vosotros** im Spanischen), so bildet man den positiven Imperativ durch Abtrennung des **-r** des Infinitivs und Anhängen von **-d**. Es gibt keine Ausnahmen. Bitte beachten Sie jedoch, daß man das **-d** ausläßt, wenn das Reflexivpronomen **-os** angehängt wird. Dies ist eine von nur drei Möglichkeiten, wo **-er** und **-ir** Verben verschiedene Endungen haben.

comprar	comprad	lavarse	lavaos
comer	comed	ponerse	poneos
vivir	vivid	divertirse	divertíos

N.B.
- Achten Sie auf den Akzent auf dem **-í-**
- **irse** → **idos** (geht weg!)

Comed **y** ***bebed*** **todo.**	*Eßt* und *trinkt* alles!
Ponedlos **en la mesa.**	*Legt sie* auf den Tisch!
Sentáos**, chicos.**	*Setzt euch*, Jungs!

7c Der verneinte Imperativ Singular und Plural: »du/ihr« und der positive und verneinte Imperativ aller Höflichkeitsformen: »Sie«

Der verneinte Imperativ für »du« und »ihr« (**tú** und **vosotros** im Spanischen), sowie alle Höflichkeitsformen des Imperativs für »Sie«, (**usted** und **ustedes** im Spanischen) werden mit Hilfe des Konjunktiv Präsens gebildet. Die Imperativformen der vertrauten Anrede »du/ihr« verwenden die Endungen der 2. Person, die der Höflichkeitsform »Sie« die Endungen der 3. Person. Bitte beachten Sie, daß beim verneinten Imperativ das Objektpronomen dem Verb vorausgeht.

Verneinter Imperativ: »du«

no compres	no comas	no vivas
no compréis	no comáis	no viváis
no te laves	no te pongas	no te diviertas
no os lavéis	no os pongáis	no os divirtáis

Positiver Imperativ, Höflichkeitsformen: »Sie«

compre Vd	coma Vd	viva Vd
compren Vds	coman Vds	vivan Vds

Verneinter Imperativ, Höflichkeitsformen: »Sie«

no compre Vd	no coma Vd	no viva Vd
no compren Vds	no coman Vds	no vivan Vds
no se lave Vd	no se ponga Vd	no se divierta Vd
no se laven Vds	no se pongan Vds	no se diviertan Vds

Unregelmäßigkeiten im Konjunktiv Präsens erscheinen natürlich auch wieder in diesen Imperativformen [➤8].

***Vuelvan* ustedes mañana.**	*Kommen Sie* morgen zurück! (Pl.)
***Póngase* este sombrero.**	*Setzen Sie* diesen Hut auf! (Sing.)
***Llévenlos* a casa.**	*Bringen Sie* sie nach Hause! (Pl.)
¡No *te caigas*!	*Fall* nicht!
No las *comáis*.	*Eßt* sie nicht!
¡No me *miren* así!	*Sehen Sie* mich nicht so an! (Pl.)
No *se sienten* allí.	*Setzen Sie* sich nicht dorthin! (Pl.)
No las *compre*.	*Kaufen Sie* sie nicht! (Sing.)

7d Zusammenfassung der Imperativformen

Vertraut (du/ihr)		**Höflichkeitsform (Sie)**	
Positiv, Singular (**tú**)	compra come vive	Singular (**usted**)	compre coma viva
Positive, Plural (**vosotros**)	comprad comed vivid	Plural (**ustedes**)	compren coman vivan
Verneint, Singular (**tú**)	no compres no comas no vivas	Singular (**usted**)	no compre no coma no viva
Verneint, Plural (**vosotros**)	no compréis no comáis no viváis	Plural (**ustedes**)	no compren no coman no vivan

8 Ungewißheiten: der Konjunktiv

Der Konjunktiv steht im Spanischen nach Verben des Zweifelns oder der Ungewißheit, des Wünschens, Hoffens, der Befürchtung oder wenn etwas Ungewisses oder Mögliches ausgedrückt werden soll. Wie Sie aus den Erläuterungen in Kapitel 7 bereits sahen, wird er auch für viele Imperativformen verwendet. (Für ausführlichere Erläuterungen ➤ *Basiswissen Spanisch: Grammatik.*) Im großen und ganzen entsprechen die Verbformen und Tempora denen des Indikativs.

8a Konjunktiv Präsens (Konjunktiv I)

Stamm: von der 1. Person Singular des Indikativ Präsens trennen Sie einfach die Endung ab.
Endungen: denen des Indikativs »entgegengesetzt«, d.h. bei Verben auf **-ar** beginnen die Endungen mit **-e-**, bei Verben auf **-er** und **-ir** mit **-a**.

compre	coma	viva
compres	comas	vivas
compre	coma	viva
compremos	comamos	vivamos
compréis	comáis	viváis
compren	coman	vivan

N.B. Achten Sie auf Nachstehendes:

• Verben aller Gruppen, bei denen sich der Stammvokal ändert [➤10b(v)]. Achten Sie hier besonders auf die zusätzlichen Veränderungen von **e** ➜ **i** und **o** ➜ **u** in der 2. und 3. Person Plural in den Verbgruppen 2 und 3.
• Orthographische Veränderungen des letzten Konsonanten des Stammes [➤10b (ii)].
• Verbstämme, die auf **-g-** enden (**poner**, usw.) [➤10b (vi)].
• Verbstämme, die auf **-zc-** enden (Verben mit der Endung **-ocer**, **-ecer**, **-ucir**) [➤10b (vii)].
• Verben die auf **-uir** enden (**concluir**, usw.) [➤10b (iii)].
• Unregelmäßiger Konjunktiv Präsens: **caber** ➜ **quepa**, **haber** ➜ **haya**, **ir** ➜ **vaya**, **saber** ➜ **sepa**, **ser** ➜ **sea**. (Sie finden die vollständigen Verbformen im Abschnitt *Modellverben.*)

No quiero que *comas* eso.	Ich möchte nicht, daß du das *ißt.*
Cuando *lleguemos*, tomaremos un café.	Wenn wir *ankommen*, trinken wir einen Kaffee.

8b Konjunktiv Imperfekt (Konjunktiv II)

Stamm: von der 3. Person Plural des **pretérito** trennen Sie einfach die Endung ab. Endungen: der Konjunktiv Imperfekt besitzt im Spanischen zwei Formen, die untereinander ausgetauscht werden können. Die einzige Ausnahme besteht darin, daß nur die **-ra** Form anstelle des Konditional verwendet werden kann. (Für ausführlichere Erläuterungen ➤ *Basiswissen Spanisch: Grammatik.*)

-ra Formen

comprara	comiera	viviera
compraras	comieras	vivieras
comprara	comiera	viviera
compráramos	comiéramos	viviéramos
comprarais	comierais	vivierais
compraran	comieran	vivieran

-se Formen

comprase	comiese	viviese
comprases	comieses	vivieses
comprase	comiese	viviese
comprásemos	comiésemos	viviésemos
compraseis	comieseis	vivieseis
comprasen	comiesen	viviesen

Stammunregelmäßigkeiten im **pretérito** [➤6b(iii)] zeigen sich natürlich auch in den beiden Formen des Konjunktivs Imperfekt.

mentir	**mintieron**	**mintiera/mintiese**	lügen
dormir	**durmieron**	**durmiera/durmiese**	schlafen
leer	**leyeron**	**leyera/leyese**	lesen
decir	**dijeron**	**dijera/dijese**	sagen
ir/ser	**fueron**	**fuera/fuese**	gehen/sein

Si *fuera* rico, me compraría un Ferrari.	Wenn ich reich *wäre*, würde ich einen Ferrari kaufen.

Les dijo que se *callasen*.	Er sagte ihnen, sie *möchten* ruhig *sein*.

8c *Zusammengesetzte Konjunktivformen*

Die zusammengesetzten Formen des Konjunktivs werden im Spanischen durch Verwendung der entsprechenden Konjunktivformen des Hilfsverbs, gefolgt vom Partizip Perfekt des Hauptverbs gebildet [➤6b(iv) und (v)]. Der Abschnitt *Modellverben* zeigt dies deutlich.

➤ [Weitere Erläuterungen ➤*Basiswissen Spanisch: Grammatik.*]

9 Dinge, die man erleidet: das Passiv

9a *Das echte Passiv*

Vollzieht sich die Handlung an der Person/Sache, die Subjekt des Satzes ist – d.h. sie wird vom Standpunkt des »Opfers« aus gesehen -, so gebraucht man das Passiv. Das echte Passiv wird im Spanischen und Deutschen ganz ähnlich gebildet. Im Spanischen gebraucht man jedoch die entsprechende Form des Verbs ser »sein«, wo die deutsche Sprache »werden« benutzt. In beiden Sprachen folgt darauf das Partizip Perfekt des Hauptverbs. (Die vollständige Konjugation von **ser** finden Sie im Abschnitt *Modellverben*). Das einzige, was Sie sich sonst noch merken müssen, ist, daß sich das Partizip Perfekt in Geschlecht und Zahl nach dem Subjekt richtet:

La ventana *fue rota* por ese chico.	Das Fenster *wurde* von diesem Jungen *kaputtgemacht.*
Ramón *fue atropellado* por un camión.	Ramón *wurde* von einem Lastwagen *überfahren.*
Mis hermanas *han sido vistas* por José.	Meine Schwestern *wurden* von José *gesehen.*

9b *Alternativen zum Passiv*

Es gibt verschiedene Möglichkeiten, das Passiv zu vermeiden.

• Der unpersönliche Gebrauch der 3. Person Plural des Verbs.

***Me dicen* que va a llover.**	Man *sagt mir* (*sie sagen mir*), daß es regnen wird.
***Los robaron* ayer.**	Sie *wurden* gestern *gestohlen* (*jemand stahl sie*).

• Man dreht den Satz um, wenn jemand/etwas anderes zum Subjekt werden kann.

Le mataron *los moros.*	Er *wurde* von den Mauren *getötet* (*die Mauren töteten* ihn).

- Man benutzt die reflexive Form des Verbs (dies ist nur möglich, wenn es sich beim Subjekt nicht um eine Person handelt).

La puerta *se cerró*.	Die Tür *wurde geschlossen* (wörtlich: die Tür *schloß sich*).
***Se cultiva* el arroz en la región de Valencia.**	In der Gegend von Valencia *wird* Reis *angebaut* (wörtlich: *baut sich* Reis *an*).

- Man verwendet das redundante Objektpronomen.

La blusa *la* compró mi madre.	Die Bluse *wurde* von meiner Mutter *gekauft* (wörtlich: die Bluse - meine Mutter kaufte *sie*).

10 Die verschiedenen spanischen Verbgruppen

10a Vorhersagbarkeit

Alle Formen eines Verbs einschließlich der verschiedenen Tempusformen bezeichnet man als seine *Konjugation.* Im Spanischen gibt es für jedes Tempus sechs verschiedene Verbformen, von denen jede einer bestimmten Person entspricht:

1. Person Singular:	**yo**	ich
2. Person Singular:	**tú**	du
	usted	Sie
3. Person Singular:	**él**	er
	ella	sie
1. Person Plural:	**nosotros/as**	wir
2. Person Plural:	**vosotros/as**	ihr
	ustedes	Sie
3. Person Plural:	**ellos**	sie (m)
	ellas	sie (f)

N.B. *Er, sie* und *Sie* (Sing.) haben die gleiche Verbform; *sie* und *Sie* (Pl.) gebrauchen ebenfalls die gleiche Verbform.

Man kann die verschiedenen Verbformen, d.h. die Konjugation, auf verschiedenen Ebenen *vorhersagen.*

(i) Regelmäßige Verben

Bei regelmäßigen Verben ist es möglich, jeden Teil aller Tempusformen aufgrund der Schreibweise des Infinitivs vorherzusagen (eine Kenntnis der Regeln gehört natürlich auch dazu!). Im Spanischen endet der Infinitiv entweder auf **-ar**, **-er** oder **-ir** [➤4a] und entspricht den drei Hauptfamilien der regelmäßigen Verben. Jede dieser Familien hat eigene Formen und Regeln. Verben, bei denen einige dieser Formen nicht so vorherbestimmt werden können, sind *unregelmäßig.* Einige der am häufigsten vorkommenden spanischen Verben sind unregelmäßig.

(ii) Importe

Verben, die aus anderen Sprachen (heute sehr oft aus dem Englischen) in die spanische aufgenommen wurden oder Neuprägungen darstellen, enden meistens auf **-ar**.

dopar	dopen
esnifar	schnüffeln/sniffen
fotocopiar	fotokopieren

(iii) Unregelmäßige Verben

Einige unregelmäßige Verben bilden Gruppen. Kennen Sie ein Verb dieser Gruppe, können Sie die Formen aller anderen vorherbestimmen. Die spanischen *Verben, die den Stammvokal ändern*, gehören zum Beispiel zu dieser Kategorie (**pienso**, **vuelvo**, **pido**, usw.).

Dann gibt es noch folgende Gruppen:
- Verben, die in der 1. Person Singular des Indikativs Präsens ein **-g-** haben, das daher auch bei allen Formen des Konjunktivs Präsens beibehalten wird (z.B. **pongo**).
- Verben mit **-zc-** an der gleichen Stelle (z.B. **conozco**) haben deshalb die gleiche Auswirkung auf den Konjunktiv Präsens;
- Verben mit unregelmäßigem **pretérito grave** [➤10b (ix)].

(iv) Zusammengesetzte Verben

Zusammengesetzte Verben [➤10c] werden mit nur ganz wenigen Ausnahmen ebenso konjugiert wie ihr Grundverb. Daher verhalten sich zum Beispiel **contener**, **detener**, **mantener**, **obtener**, **retener**, **sostener** alle auf die gleiche Weise wie das Grundverb **tener**.

10b Hauptverbgruppen: Wie werden sie konjugiert?

(i) Konjugationsarten

Die spanische Sprache kennt drei *Konjugationsarten* oder Verbgruppen, deren Endungen ihrem Infinitiv entsprechen [➤4a]. Der Infinitiv endet auf **-ar**, **-er** oder **-ir** und die regelmäßigen oder vorhersagbaren Formen jeder Verbfamilie [➤10a] verhalten sich auf gleiche Weise, besitzen die gleichen Verb-Endungen und verwenden die gleichen Methoden zur Bildung jeder Tempusform. Ein Blick auf die Verbtabellen [➤*Das spanische Konjugationssystem* (Abschnitt B)] zeigt, daß die Endungen der Verben auf **-er** und **-ir** für alle Tempora identisch sind. Die einzige Ausnahme sind nachstehende drei Endungen, die sich lediglich im Hinblick auf den Endungsvokal unterscheiden:

Verben auf *-er* (z.B.. **comer**)
Indikativ Präsens: **comemos, coméis**
Imperativ Plural (ihr): **comed**

Verben auf ***-ir*** (z.B.. **vivir**)
Indikativ Präsens: **vivimos**, **vivís**
Imperativ Plural (ihr): **vivid**

Bei allen sonstigen Tempora und Personen sind ihre Endungen identisch.

(ii) *Verben mit orthographischen Veränderungen*

Bei diesen Verben muß die Schreibweise angeglichen werden, um den korrekten Klang des Konsonanten beizubehalten, wenn sich die Endung ändert. Diese Regel trifft daher nur auf die Schriftsprache zu. Die Änderungen kommen nur bei dem/den letzten Konsonanten des Stamms vor und lassen sich wie folgt gliedern:

Verben auf **-ar**: Vor **-e-** sind im gesamten Konjunktiv Präsens und nur in der 1. Person Singular des **pretérito** nachstehende Veränderungen notwendig.
• Der Stamm endet auf **-c- ➜ -qu-**.
sacar »herausnehmen«: **saque**, **saques**, usw.; **saqué**
• Der Stamm endet auf **-z- ➜ -c-**.
empezar »anfangen«: **empiece**, **empieces**, usw.; **empecé**
• Der Stamm endet auf **-g- ➜ -gu-**.
pagar »zahlen): **pague**, **pagues**, usw.; **pagué**
• Der Stamm endet auf **-gu- ➜ -gü-**.
averiguar »untersuchen, feststellen«: **averigüe**, **averigües**, usw.; **averigüé**

Verben auf **-er** und **-ir**: Vor **-o** in der 1. Person Singular des Indikativs Präsens und vor **-a-** in allen Formen des Konjunktivs Präsens sind nachstehende Veränderungen notwendig.
• Der Stamm endet auf **-gu- ➜ -g-**.
seguir »folgen«: **sigo**; **siga**, **sigas**, usw.
• Der Stamm endet auf **-g- ➜ -j-**.
escoger »(aus)wählen«: **escojo**; **escoja**, **escojas**, usw.
• Der Stamm endet auf **-c- ➜ -z-**.
torcer »(ver)drehen«: **tuerzo**; **tuerza**, **tuerzas**, usw.

(iii) *Verben auf* ***-uir***

Verben auf **-uir** haben im Singular und in der 3. Person Plural des Indikativs Präsens, in allen Formen des Konjunktivs Präsens und Imperfekt, in der 3. Person des **pretérito** sowie im Gerundium ein **-y-**.

concluir »vollenden, abschließen
Indikativ Präsens: **concluyo**, **concluyes**, **concluye**, **concluimos**, **concluís**, **concluyen**.

Konjunktiv Präsens:	**concluya, concluyas, concluya, concluyamos, concluyáis, concluyan.**
pretérito	**concluí, concluiste, concluyó, concluimos, concluisteis, concluyeron.**
Konjunktiv Imperfekt:	**concluyera/concluyese.**
Gerundium:	**concluyendo.**

N.B. Diese Veränderung kommt auch bei allen sonstigen spanischen Verben auf **-uir** vor: **huir** »fliehen«, **construir** »bauen«; ebenso bei Verben, die auf **-struir** enden, sowie bei **fluir** »fließen« und Verben die auf **-fluir** enden.

(iv) *Akzente*

Eine kleine Anzahl spanischer Verben, deren Stamm auf **-i-** oder **-u-** endet, brauchen in der Schriftsprache einen Akzent, um diesen Vokal im Singular und in der 3. Person Plural des Präsens zu betonen.

enviar »senden, schicken«

Indikativ Präsens:	**envío, envías, envía, enviamos, enviáis, envían.**
Konjunktiv Präsens:	**envíe, envíes, envíe, enviemos, enviéis, envíen.**

actuar »handeln«

Indikativ Präsens:	**actúo, actúas, actúa, actuamos, actuáis, actúan.**
Konjunktiv Präsens:	**actúe, actúes, actúe, actuemos, actuéis, actúen.**

N.B. **Desviar** »ablenken, umleiten«, **situar** »legen, stellen«, **graduar** »abmessen, abstufen« und **continuar** »fortsetzen, fortfahren« folgen den gleichen Regeln.

(v) *Verben, die den Stammvokal ändern*

Die größte Gruppe spanischer Verben, die nicht ganz regelmäßig sind, doch vorhersagbare Unregelmäßigkeiten aufweisen, ist die Gruppe, bei der der betonte Stammvokal **-e-** sich in **-ie-** und ebenfalls **-o-** in **-ue-** verwandelt.

Es wird Ihnen sicher aufgefallen sein, daß es im Spanischen viele Wörter gibt, die den Doppellaut (Diphthong) **-ue-** oder **-ie-** verwenden, wo ein gleiches oder verwandtes Wort in anderen romanischen Sprachen (oder gar im Deutschen) einfach **-o-** oder **-e-hat.**

Spanisch	***Französisch***	***Deutsch***
puerta	porte	Pforte
muerto	mort	Mord
siete	sept	Septett
viento	vent	Ventilation

Diese Veränderung des Stammvokals geschieht im Spanischen oft, wenn der ursprüngliche Vokal (**-o-** oder **-e-**) betont wird. Bei der Konjugation eines Verbs ändert sich die Betonung je nach Person und Tempus vom Stamm zur Endung, und bei einigen Verben verändert sich der Stamm, wenn er betont wird.

Es gibt drei Hauptverbgruppen, die den Stammvokal ändern.

1. Gruppe: Verben auf **-ar** und **-er.**
Stammvokaländerung: **e ➜ ie**, **o ➜ ue** und **u ➜ ue** (nur bei **jugar**).
Die Veränderungen treten nur in den Formen des Indikativs und Konjunktivs Präsens auf, die den Stamm betonen, d.h. in allen drei Formen des Singulars und der 3. Person Plural.

pensar »denken«
Indikativ Präsens: **pienso, piensas, piensa ... piensan**
Konjunktiv Präsens: **piense, pienses, piense ... piensen**

volver »zurückkehren«
Indikativ Präsens: **vuelvo, vuelves, vuelve ... vuelven**
Konjunktiv Präsens: **vuelva, vuelvas, vuelva ... vuelvan**

jugar »spielen«
Indikativ Präsens: **juego, juegas, juega ... juegan**
Konjunktiv Präsens: **juegue, juegues, juegue ... jueguen**

2. Gruppe: Verben auf **-ir**

Verben dieser Gruppe (z.B. **mentir** »lügen«, **dormir** »schlafen«) haben an der *gleichen Stelle* die *gleichen Veränderungen* wie Verben der 1. Gruppe, doch bei nachstehendem ändert sich der Stammvokal zusätzlich von **e ➜ i** und von **o ➜ u**:

Gerundium **mintiendo, durmiendo** [➤4b (i)]
Konjunktiv Präsens: 1. und 2. Person Plural [➤8a]
mintamos, mintáis; durmamos, durmáis
pretérito: 3. Person Singular und Plural [➤6b (iii)]
mintió, mintieron; durmió, durmieron
Konjunktiv Imperfekt: alle Personen der beiden Formen des Konjunktiv Imperfekt [➤8b]
mintiera/mintiese; durmiera/durmiese

3. Gruppe: Verben auf **-ir**

Bei dieser Verbgruppe tritt die Änderung des Stammvokals an der gleichen Stelle auf wie bei der 2. Gruppe, doch die Veränderung geschieht *immer* von **e ➜ i.**

pedir »verlangen, bitten«

Indikativ Präsens:	**pido, pides, pide ... piden**
Konjunktiv Präsens:	**pida, pidas, pida, pidamos, pidáis, pidan**
Gerundium:	**pidiendo**
pretérito:	**pidió, pidieron**
Konjunktiv Imperfekt:	**pidiera/pidiese**

(vi) *-g- Verben*

Weiterhin gibt es im Spanischen eine Gruppe von Verben, bei denen der Stamm im Indikativ Präsens lediglich in der 1. Person Singular den Buchstaben **-g-** enthält. Das **-g-** bleibt daher auch in allen Formen des Konjunktivs Präsens erhalten. Bei einigen dieser Verben ist der Indikativ Präsens mit Ausnahme der 1. Person vollkommen regelmäßig, andere wiederum verändern den Stammvokal [➤10b(v)].

hacer »tun, machen«

Indikativ Präsens:	**hago, haces, hace, hacemos, hacéis, hacen**
Konjunktiv Präsens:	**haga, hagas, haga, hagamos, hagáis, hagan**

tener »haben«

Indikativ Präsens:	**tengo, tienes, tiene, tenemos, tenéis, tienen**
Konjunktiv Präsens:	**tenga, tengas, tenga, tengamos, tengáis, tengan**

Nachstehende Verben folgen dem gleichen Muster.

caer »fallen«:	**caigo, caes**, usw.
poner »legen, stellen«:	**pongo, pones**, usw.
salir »ausgehen«:	**salgo, sales**, usw.
valer »wert sein«:	**valgo, vales**, usw.
decir »sagen«:	**digo, dices, dice, decimos, decís, dicen**
oír »hören«:	**oigo, oyes, oye, oímos, oís, oyen**

N.B. Sowohl die in allen anderen Fällen regelmäßigen Verben als auch Verben, bei denen sich der Stammvokal ändert, behalten den **-g-** Stamm im Konjunktiv Präsens unverändert bei.

(vii) *-zc- Verben*

Bei einer weiteren, relativ großen Gruppe, deren 1. Person Singular im Indikativ Präsens unregelmäßig ist, endet der Infinitiv auf **-ecer, -ocer** und **-ucir**. Der Stamm der 1. Person Indikativ Präsens – und daher aller Formen des Konjunktivs Präsens – endet auf **-zc**.

parecer »scheinen«

Indikativ Präsens:	**parezco, pareces, parece, parecemos, parecéis, parecen**
Konjunktiv Präsens:	**parezca, parezcas, parezca, parezcamos, parezcáis, parezcan**

Nachstehende Verben folgen dem gleichen Muster.

conocer	kennen	**lucir**	leuchten
reconocer	erkennen	**conducir**	fahren, steuern
aparecer	erscheinen	**producir**	erzeugen
desaparecer	verschwinden	**reproducir**	wieder erzeugen, wiedergeben
ofrecer	anbieten		
merecer	verdienen (Lob, Tadel)	**traducir**	übersetzen

(viii) ***-oy-*** *Verben*

Bei diesen Verben endet die 1. Person Singular des Indikativ Präsens auf **-oy**. Der Konjunktiv Präsens wird davon nicht berührt.

dar »geben«:	**doy, das, da, damos, dais, dan**
estar »sein«:	**estoy, estás, está, estamos, estáis, están**

N.B. **Ir** »gehen« ist unregelmäßig, doch die Formen des Indikativ Präsens sind anderweitig durchaus vorhersagbar:

voy, vas, va, vamos, vais, van

(ix) ***Pretérito grave***

Eine signifikante Gruppe von Verben besitzt das mit dem Namen **pretérito grave** bezeichnete Tempus: dies bezieht sich auf die Tatsache, daß die 1. und 3. Person Singular des **pretérito** nicht betont werden und keinen Akzent haben. Weiterhin bestehen ihre Endungen aus einer Mischung der normalen Endungen für Verben auf **-ar** (1. und 3. Person Singular, doch ohne Akzent) und der Verben auf **-er/-ir** (alle sonstigen Formen).

tener »haben« **tuve, tuviste, tuvo, tuvimos, tuvisteis, tuvieron**

Nachstehende Verben besitzen ebenfalls das **pretérito grave**.

andar	➜	**anduve**	**poner**	➜	**puse**
caber	➜	**cupe**	**querer**	➜	**quise**
estar	➜	**estuve**	**saber**	➜	**supe**
haber	➜	**hube**	**tener**	➜	**tuve**

hacer	➜	**hice**	**venir**	➜	**vine**
poder	➜	**pude**			

N.B. Achtung bei folgendem:

• Die 3. Person Singular von hacer im **pretérito grave** ist **hizo**.
• Wenn der Stamm einer Form des **pretérito grave** auf **-j-** endet, ist die Endung der 3. Person Plural **-eron**.

decir	**dije**	**dijeron**
traer	**traje**	**trajeron**
conducir	**conduje**	**condujeron**

• Zusammensetzungen der vorstehenden Verben folgen dem gleichen Muster [➤10c]. Daher folgt **componer** dem Verb **poner**, **mantener tener**. Und alle Verben, die auf **-ducir** enden, folgen dem gleichen Muster wie **conducir**.

10c Zusammengesetzte Verben

Bei einem zusammengesetzten Verb wird dem Grundverb ein Präfix vorangesetzt. Von nur ganz wenigen Ausnahmen abgesehen, werden die zusammengesetzten Verben auf die gleiche Weise konjugiert wie ihr Grundverb.

tener »haben«	**tiene** »er hat«
mantener »halten, stützen«	**mantiene** »er hält«

(i) Einige zusammengesetzte Verben bestehen aus Grundverb und einem Präfix, das ihre Bedeutung verändert.

hacer »tun, machen«	➜	**rehacer** »wiederherstellen«
poner »legen, stellen«	➜	**disponer** »ordnen, verfügen«
	➜	**componer** »zusammensetzen«

Nachstehend einige häufig verwendete Präfixe dieser Art:

• **des-**: entspricht oft dem deutschen »los-«, »ent-« oder »zer-«.

atar »binden«	➜	**desatar** »losbinden«
congelar »einfrieren«	➜	**descongelar** »entfrosten, auftauen«
cubrir »(be-, zu-)decken«	➜	
descubrir »entdecken, aufdecken«		
hacer »tun, machen«	➜	**deshacer** »auseinandernehmen, zerlegen«

• **re-**: ähnlich dem französischen oder englischen »re-«. Doch Achtung! Es wird nicht im gleichen Umfang zur Andeutung von Wiederholung gebraucht und oft auch benutzt, um die Intensität der Handlung, nicht so sehr ihre Wiederholung anzudeuten.

vender »verkaufen«	➜	**revender** »wieder-/weiterverkaufen«
llenar »füllen«	➜	**rellenar** »nachfüllen, auffüllen)
mojar »anfeuchten«	➜	**remojar** »einweichen, wässern«
quemar »verbrennen«	➜	**requemar** »anbrennen lassen, versengen«

- **mal-**: im Sinne von »schlecht«, »schlimm« oder »böse«

gastar »ausgeben«	➜	**malgastar** »verschwenden«
decir »sagen«	➜	**maldecir** »verfluchen«

N.B Das Partizip Perfekt von **maldecir** ist **maldito**.

(ii) Andere zusammengesetzte Verben bildet man durch Hinzufügen einer weiteren Wortart als Präfix:

contra »gegen«+ **hacer** »tun, machen«
= **contrahacer** »nachmachen, fälschen«

sobre »auf, über« + **venir** »kommen«
= **sobrevenir** »dazukommen, plötzlich auftreten«

(iii) Einige häufig vorkommende Grundverben besitzen mehrere Präfixe:

- **Poner** »legen, stellen«

componer	zusammensetzen, komponieren
descomponerse	verderben, verwesen
deponer	aussagen; niederlegen (Waffen)
imponer	auferlegen, zwingen
interponer	zwischenschalten; einlegen (Rechtsmittel)
posponer	nachsetzen, hinausschieben
proponer	vorschlagen
reponer	wieder hinstellen; ersetzen
suponer	annehmen
presuponer	voraussetzen, halten für

- **Tener** »haben«

contener	enthalten, zurückhalten
detener	zurückhalten; verhaften
entretener	unterhalten; aufhalten
mantener	stützen, unterhalten, instandhalten
retener	zurückhalten, aufbewahren
sostener	tragen, unterstützen, beköstigen

- **Venir** »kommen«

convenir	vereinbaren, passen

intervenir	eingreifen
provenir	herkommen
sobrevenir	(plötzlich) auftreten, vorkommen

• **Satisfacer** ist eine zusammengesetzte Form von **hacer** und verhält sich daher auf gleiche Weise.

(iv) Gelegentlich kommt es vor, daß kein Grundverb vorhanden ist: mehrere Verben enden auf **-ducir**, doch ein Grundverb mit der Endung **-ducir** gibt es nicht.

conducir	führen, leiten, fahren
deducir	(ab-/her-)leiten
inducir	anstiften, verleiten; veranlassen
introducir	hineinbringen, -stecken, -tun; einführen
producir	erzeugen, verschaffen, bewirken
reducir	verringern, vermindern, verkleinern
reproducir	wieder hervorbringen, wiedergeben; fortpflanzen
seducir	verführen; bestechen
traducir	übersetzen

11 Reflexive Verben

11a Reflexive Verben allgemein

Eine allgemeine Erklärung der reflexiven Verben finden Sie in Abschnitt 2f. Abgesehen von den spanischen Verben, die auch im Deutschen reflexiv sind, gibt es im Spanischen auch zahlreiche reflexive Verben, die es im Deutschen nicht sind. Viele Verben lassen sich reflexiv und auch als gewöhliche transitive Verben gebrauchen.

11b Reflexivpronomen

In nachstehendem Beispiel eines reflexiven Verbs in allen Präsensformen sind alle Reflexivpronomen aufgeführt, die diese Verben begleiten.

lavarse	sich waschen
me lavo	ich wasche mich
te lavas	du wäschst dich
se lava	er/sie wäscht sich; Sie waschen sich
nos lavamos	wir waschen uns
os laváis	ihr wascht euch
se lavan	sie/Sie waschen sich

11c Stellung der Reflexivpronomen

Reflexivpronomen folgen den gleichen Regeln wie andere Pronomen.

(A) Vor dem Verb stehen sie:
- bei allen Tempora des Indikativs und Konjunktivs;
- bei allen Formen des verneinten Imperativs.

(B) An das Verb-Ende angehängt werden sie:
- beim Gerundium (wahlweise);
- bei allen positiven Imperativformen.

(C) Beim Infinitiv im Satz können sie entweder vor dem Verb stehen oder an sein Ende angehängt werden.

N.B. Um die Betonung auf der gleichen Verbsilbe beizubehalten, muß möglicherweise ein Akzent verwendet werden.

¿*Te lavas* tú mismo ya, Paquito?	Du *wäschst dich* schon ganz alleine, Paquito?
No *te peines* así.	*Kämm dich* so nicht!
Estoy *lavándome* ahora mismo.	Ich *wasche mich* gerade.
¡*Levántense* ahora mismo!	*Stehen* Sie sofort auf!
***Acuéstate* a las diez, ¿vale?**	*Geh* um zehn ins Bett, ok?
Vamos a *bañarnos* en seguida. / ***Nos* vamos a *bañar* en seguida.**	Wir *gehen* jetzt gleich schwimmen.

11d Verwendung des Reflexivums

Bitte achten Sie darauf, daß die reflexiven Formen im Spanischen manchmal gebraucht werden, wenn wir im Deutschen das Possessivpronomen gebrauchen.

***Se lavaron las* manos.**	Sie *wuschen ihre* Hände
Mi novia *se pondrá el* vestido azul.	Meine Freundin *wird ihr* blaues Kleid *anziehen.*

Achten Sie auch darauf, daß in der Umgangssprache manchmal eine anscheinend reflexive Form gebraucht wird, um eine Aussage oder Bitte zu betonen.

***Me comí* todas las manzanas.**	Ich *habe* alle Äpfel *aufgegessen.*

N.B. Das Reflexivum wird oft auch gebraucht, um das Passiv zu vermeiden [➤9b].

B

MODELLVERBEN

Index der Modellverben

Das spanische Konjugationssystem

Regelmäßige Verben

Orthographische Veränderungen

Änderungen im Stammvokal

Unregelmäßige Verben

Index der Modellverben

Auf den folgenden Seiten finden Sie Verbtabellen. Einige Verben sind vollständig konjugiert, andere weisen die vollen Formen nur im Präsens, Perfekt, Imperfekt und **pretérito** auf, während in den übrigen Tempora nur die erste Person Singular angegeben wird.

Das spanische Konjugationssystem:		*Nummer*
lavar	waschen	1

Regelmäßige Verben:

comprar	kaufen	2
comer	essen	3
vivir	leben	4

Verben mit orthographischen Veränderungen:

sacar	herausnehmen	5
cazar	jagen	6
pagar	zahlen	7
averiguar	untersuchen	8
vencer	besiegen	9
distinguir	unterscheiden	10
coger	ergreifen	11
huir	fliehen	12
leer	lesen	13
enviar	senden	14
actuar	zustandebringen, betätigen	15
zambullir	(rasch) eintauchen	16
gruñir	grunzen	17
asir	ergreifen, packen	18

Verben, die den Stammvokal ändern:

pensar	denken	19
volver	zurückkehren	20
jugar	spielen	21
sentir	fühlen	22
dormir	schlafen	23
pedir	verlangen, bitten	24

Unregelmäßige Verben:		*Nummer*
abrir	öffnen	25
adquirir	erwerben	26
andar	gehen	27
bendecir	segnen	28
caber	fassen	29
caer	fallen	30
conducir	fahren, steuern	31
conocer	kennen	32
dar	geben	33
decir	sagen	34
erguirse	sich aufrichten	35
errar	verfehlen; sich irren	36
escribir	schreiben	37
estar	sein	38
freír	braten	39
haber	haben (Hilfsverb)	40
hacer	tun; machen	41
ir	gehen	42
lucir	leuchten	43
oír	hören	44
oler	riechen	45
poder	können	46
poner	legen, stellen	47
querer	mögen, lieben	48
reír	lachen	49
romper	brechen	50
saber	wissen	51
salir	ausgehen	52
ser	sein	53
tener	haben	54
traer	bringen	55
valer	wert sein	56
venir	kommen	57
ver	sehen	58

Regelmäßiges Verb auf **-ar**

GERUNDIUM	***PARTIZIP PERFEKT***
lavando	lavado

AKTIV

PRÄSENS	***PERFEKT***
lavo	he lavado
lavas	has lavado
lava	ha lavado
lavamos	hemos lavado
laváis	habéis lavado
lavan	han lavado

PROGESSIVFORM PRÄSENS	***PROGESSIVFORM IMPERFEKT***
estoy lavando	estaba lavando
estás lavando	estabas lavando
está lavando	estaba lavando
estamos lavando	estábamos lavando
estáis lavando	estabais lavando
están lavando	estaban lavando

IMPERFEKT	***PRETÉRITO***
lavaba	lavé
lavabas	lavaste
lavaba	lavó
lavábamos	lavamos
lavabais	lavasteis
lavaban	lavaron

PLUSQUAMPERFEKT	***PRETÉRITO ANTERIOR***
había lavado	hube lavado
habías lavado	hubiste lavado
había lavado	hubo lavado
habíamos lavado	hubimos lavado
habíais lavado	hubisteis lavado
habían lavado	hubieron lavado

N.B. Erklärungen der verschiedenen Tempora finden Sie in *Das spanische Verbsystem*. Das Wichtigste hier ist, daß alle Formen den Stamm **lav-** haben, der die Wortbedeutung enthält; viele Tempora sind einfache Formen, bei denen die Endungen an den Stamm angehängt werden und mit ihm ein Wort bilden. Andere Tempora sind zusammengesetzt. Sie gebrauchen ein Hilfsverb in der entsprechenden Tempusform vor

IMPERATIV

(tú) lava
(usted) lave
(vosotros) lavad
(ustedes) laven

FUTUR I

lavaré
lavarás
lavará
lavaremos
lavaréis
lavarán

FUTUR II

habré lavado
habrás lavado
habrá lavado
habremos lavado
habréis lavado
habrán lavado

KONDITIONAL I

lavaría
lavarías
lavaría
lavaríamos
lavaríais
lavarían

KONDITIONAL II

habría/hubiera lavado
habrías/hubieras lavado
habría/hubiera lavado
habríamos/hubiéramos lavado
habríais/hubierais lavado
habrían/hubieran lavado

KONJUNKTIV PRÄSENS

lave
laves
lave
lavemos
lavéis
laven

KONJUNKTIV PERFEKT

haya lavado
hayas lavado
haya lavado
hayamos lavado
hayáis lavado
hayan lavado

KONJUNKTIV IMPERFEKT

lavara/lavase
lavaras/lavases
lavara/lavase
laváramos/lavásemos
lavarais/lavaseis
lavaran/lavasen

KONJUNKTIV PLUSQUAMPERFEKT

hubiera/hubiese lavado
hubieras/hubieses lavado
hubiera/hubiese lavado
hubiéramos/hubiésemos lavado
hubierais/hubieseis lavado
hubieran/hubiesen lavado

dem Gerundium oder Partizip des Verbs, das die Bedeutung vermittelt. Das Subjektpronomen (**yo** = ich, **tú** = du, usw.) wird normalerweise nicht gebraucht, da die Verb-Endungen sowohl in der Schriftsprache als auch in der gesprochenen Sprache klar und deutlich sind. Man gebraucht sie nur zur Betonung oder zur Vermeidung von Unklarheiten.

PASSIV

Alternativen für das Passiv ➤ *Das spanische Verbsystem.*

PRÄSENS
soy lavado/a
eres lavado/a
es lavado/a
somos lavados/as
sois lavados/as
son lavados/as

PERFEKT
he sido lavado/a
has sido lavado/a
ha sido lavado/a
hemos sido lavados/as
habéis sido lavados/as
han sido lavados/as

PROGESSIVFORM PRÄSENS
estoy siendo lavado/a
estás siendo lavado/a
está siendo lavado/a
estamos siendo lavados/as
estáis siendo lavados/as
están siendo lavados/as

PROGESSIVFORM IMPERFEKT
estaba siendo lavado/a
estabas siendo lavado/a
estaba siendo lavado/a
estábamos siendo lavados/as
estabais siendo lavados/as
estaban siendo lavados/as

IMPERFEKT
era lavado/a
eras lavado/a
era lavado/a
éramos lavados/as
erais lavados/as
eran lavados/as

PRETÉRITO
fui lavado/a
fuiste lavado/a
fue lavado/a
fuimos lavados/as
fuisteis lavados/as
fueron lavados/as

PLUSQUAMPERFEKT
había sido lavado/a
habías sido lavado/a
había sido lavado/a
habíamos sido lavados/as
habíais sido lavados/as
habían sido lavados/as

PRETÉRITO ANTERIOR
hube sido lavado/a
hubiste sido lavado/a
hubo sido lavado/a
hubimos sido lavados/as
hubisteis sido lavados/as
hubieron sido lavados/as

Madre: Juan, *¿te estás lavando* o no?
Juan: No, mamá, no me gusta *lavarme.*
Madre: Pero, hijo, nunca *te lavas.* ¿Cuándo *te lavaste* por última vez?

Mutter: Juan, *wäschst du dich*, oder nicht?
Juan: Nein, Mami, *ich wasche mich* nicht gern.
Mutter: Aber Juan, *du wäschst dich* nie. Wann hast *du dich* zum letztenmal *gewaschen*?

FUTUR I
seré lavado/a
serás lavado/a
será lavado/a
seremos lavados/as
seréis lavados/as
serán lavados/as

FUTUR II
habré sido lavado/a
habrás sido lavado/a
habrá sido lavado/a
habremos sido lavados/as
habréis sido lavados/as
habrán sido lavados/as

KONDITIONAL I
sería lavado/a
serías lavado/a
sería lavado/a
seríamos lavados/as
seríais lavados/as
serían lavados/as

KONDITIONAL II
habría/hubiera sido lavado/a
habrías/hubieras sido lavado/a
habría/hubiera sido lavado/a
habríamos/hubiéramos sido lavados/as
habríais/hubierais sido lavados/as
habrían/hubieran sido lavados/as

KONJUNKTIV PRÄSENS
sea lavado/a
seas lavado/a
sea lavado/a
seamos lavados/as
seáis lavados/as
sean lavados/as

KONJUNKTIV PERFEKT
haya sido lavado/a
hayas sido lavado/a
haya sido lavado/a
hayamos sido lavados/as
hayáis sido lavados/as
hayan sido lavados/as

KONJUNKTIV IMPERFEKT
fuera/fuese lavado/a
fueras/fueses lavado/a
fuera/fuese lavado/a
fuéramos/fuésemos lavados/as
fuerais/fueseis lavados/as
fueran/fuesen lavados/as

KONJUNKTIV PLUSQUAMPERFEKT
hubiera/hubiese sido lavado/a
hubieras/hubieses sido lavado/a
hubiera/hubiese sido lavado/a
hubiéramos/hubiésemos sido lavados/as
hubierais/hubieseis sido lavados/as
hubieran/hubiesen sido lavados/as

Juan: Hace dos días, y *me había lavado* dos días antes.

Madre: Pero tus manos *deberían ser lavadas* varias veces al día. ¡Vete a *lavarte* en seguida!

Juan: Vor zwei Tagen, und *ich hatte mich* schon zwei Tage vorher *gewaschen.*

Mutter: Aber deine Hände *sollten* mehrmals am Tag *gewaschen werden.* Geh und *wasch dich* sofort!

Regelmäßiges Verb auf **-ar**

GERUNDIUM	***PARTIZIP PERFEKT***
comprando	comprado

PRÄSENS	***PERFEKT***
compro	he comprado
compras	has comprado
compra	ha comprado
compramos	hemos comprado
compráis	habéis comprado
compran	han comprado

PROGESSIVFORM PRÄSENS	***PROGESSIVFORM IMPERFEKT***
estoy comprando	estaba comprando

IMPERFEKT	***PRETÉRITO***
compraba	compré
comprabas	compraste
compraba	compró
comprábamos	compramos
comprabais	comprasteis
compraban	compraron

N.B. Die Zahl der regelmäßigen Verben auf **-ar** ist sehr groß. Nachstehend geben wir Ihnen nur eine kleine Auswahl nützlicher Verben dieser Gruppe. Der Verbindex gibt Ihnen die wichtigsten Bedeutungen jedes Verbs. Einige kommen auch in reflexiver Form vor und haben dann manchmal eine andere Bedeutung, z.B. **llamarse** »heißen«; **echarse** »sich hinlegen«. Umgekehrt können auch reflexive Verben manchmal nicht-reflexiv gebraucht werden, z.B. **acostar** »ins Bett legen«. Bei anderen Verben, die zu dieser Gruppe zu gehören scheinen, kann es sich um unregelmäßige Verben handeln, um Verben, bei denen kleinere orthographische Veränderungen vorkommen oder um Verben, die den Stammvokal ändern. Schlagen Sie bei diesen Verben bitte in den entsprechenden Abschnitten dieses Buches nach. Achten Sie auch darauf, daß einige der Verbformen denjenigen der Verben auf **-er** und **-ir** sehr ähnlich sind, und nachstehendes gleich ist:

- die Endung der 1. Person Singular (**yo**) im Präsens;
- die Hilfsverben für die zusammengesetzten Tempora;
- die Bildung und Endungen des Futurs.

Ähnliche Verben

Hier werden nur einige der am häufigsten vorkommenden Verben aufgeführt.

IMPERATIV

(tú) compra	(vosotros) comprad
(usted) compre	(ustedes) compren

PLUSQUAMPERFEKT
había comprado

PRETÉRITO ANTERIOR
hube comprado

FUTUR I
compraré

FUTUR II
habré comprado

KONDITIONAL I
compraría

KONDITIONAL II
habría/hubiera comprado

KONJUNKTIV PRÄSENS
compre

KONJUNKTIV PERFEKT
haya comprado

KONJUNKTIV IMPERFEKT
comprara/comprase

KONJUNKTIV PLUSQUAMPERFEKT
hubiera/hubiese comprado

ayudar	helfen	**lavar**	waschen
dejar	lassen	**llamar**	rufen
entrar	hineingehen	**mirar**	schauen
hablar	sprechen	**trabajar**	arbeiten

– ¿A qué hora *te levantas*?
– A las siete.
– ¿Por qué tan temprano?
– Quiero *llegar* temprano al trabajo.
– ¿Por qué? – Para *ganar* mucho dinero. Un día voy a *comprarme* una casa muy grande, *pasaré* las vacaciones en América, y ... ¡entonces me voy a *quedar* en la cama hasta mediodía! ¡Es por eso que ahora *trabajo* tanto!

»Um wieviel Uhr *stehst* du denn *auf?*«
»Um sieben.«
»Weshalb so früh?«
»Ich möchte früh auf der Arbeit *sein.*«
»Warum?« »Um viel Geld zu *verdienen.* Eines Tages werde ich ein sehr großes Haus *kaufen.* Ich *werde* meinen Urlaub in Amerika *verbringen* und ... dann *werde* ich bis mittags im Bett *bleiben*! Darum *arbeite* ich jetzt so viel!«

Regelmäßiges Verb auf **-er**

GERUNDIUM	***PARTIZIP PERFEKT***
comiendo	comido

PRÄSENS	***PERFEKT***
como	he comido
comes	has comido
come	ha comido
comemos	hemos comido
coméis	habéis comido
comen	han comido

PROGESSIVFORM PRÄSENS	***PROGESSIVFORM IMPERFEKT***
estoy comiendo	estaba comiendo

IMPERFEKT	***PRETÉRITO***
comía	comí
comías	comiste
comía	comió
comíamos	comimos
comíais	comisteis
comían	comieron

Ähnliche Verben

Hier werden nur einige der am häufigsten verwendeten Verben aufgeführt.

aprender	lernen	**suceder**	sich ereignen
beber	trinken	**temer**	fürchten
correr	rennen	**toser**	husten
deber	schulden; müssen	**vender**	verkaufen

N.B. Die Gruppe der Verben auf **-er** ist zwar sehr groß, doch viele sind unregelmäßig oder orthographischen Veränderungen unterworfen. Diese sind in den entsprechenden Abschnitten dieses Buches aufgeführt. Die vorstehenden Verben sind jedoch Beispiele für Verben, die vollkommen regelmäßig sind. Viele dieser Verben können reflexiv und nichtreflexiv gebraucht werden. Die am häufigsten vorkommende Form wird in der vorstehenden Liste aufgeführt. Achten Sie auch darauf, daß einige der Verbformen denjenigen der Verben auf **-ar** sehr ähnlich sind. Nachstehendes gleicht den Verben auf **-ar** und **-ir**:

- die Endung der 1. Person Singular (**yo**) im Präsens;
- die Hilfsverben für die zusammengesetzten Tempora;
- die Bildung und Endungen des Futurs.

IMPERATIVE

(tú) come
(usted) coma
(vosotros) comed
(ustedes) coman

PLUSQUAMPERFEKT
había comido

PRETÉRITO ANTERIOR
hube comido

FUTUR I
comeré

FUTURE II
habré comido

KONDITIONAL I
comería

KONDITIONAL II
habría/hubiera comido

KONJUNKTIV PRÄSENS
coma

KONJUNKTIV PERFEKT
haya comido

KONJUNKTIV IMPERFEKT
comiera/comiese

KONJUNKTIV PLUSQUAMPERFEKT
hubiera/hubiese comido

Nachstehendes gleicht den Verben auf **-ir**:
- vier der sechs Präsensformen;
- Gerundium (oder Partizip Präsens) und Partizip Perfekt;
- **Pretérito** und Imperfekt

– ¿Qué le *sucede* a Sánchez? ¡*Parece* no *aprender* nada!
– Es que pasa todo su tiempo libre *vendiendo* periódicos en la calle. Le gusta *beber*, por eso *debe* ganar dinero ...
– Ayer, Sánchez *prometió* que, de aquí en adelante, lo *aprenderá* todo muy bien.
– Espero que sí. Si no, *temo* que *corre* el riesgo de *suspender* sus exámenes.

»Was *ist* denn mit Sánchez *los*? Er *scheint* nichts *zu lernen*!«
»Er verbringt seine ganze Freizeit mit dem *Verkauf* von Zeitungen auf der Straße. Er *trinkt* gern, daher *muß* er Geld verdienen ...«
»Gestern *hat* Sánchez *versprochen*, daß er von nun an alles gut *lernt*.«
»Das hoffe ich. Wenn er das nicht tut, *befürchte* ich, daß er *riskiert*, bei den Prüfungen *durchzufallen*.«

Regelmäßiges Verb auf **-ir**

GERUNDIUM	***PARTIZIP PERFEKT***
viviendo	vivido

PRÄSENS	***PERFEKT***
vivo	he vivido
vives	has vivido
vive	ha vivido
vivimos	hemos vivido
vivís	habéis vivido
viven	han vivido

PROGESSIVFORM PRÄSENS	***PROGESSIVFORM IMPERFEKT***
estoy viviendo	estaba viviendo

IMPERFEKT	***PRETÉRITO***
vivía	viví
vivías	viviste
vivía	vivió
vivíamos	vivimos
vivíais	vivisteis
vivían	vivieron

Ähnliche Verben

Hier werden nur einige der am häufigsten verwendeten Verben aufgeführt.

aburrir	langweilen	**partir**	teilen
convivir	zusammenleben	**persuadir**	überreden
decidir	entscheiden	**sobrevivir**	überleben
distinguir	unterscheiden	**sufrir**	leiden
dividir	teilen	**unir**	vereinigen

N.B. Die Gruppe der Verben auf **-ir** ist zwar sehr groß, doch viele sind unregelmäßig oder orthographischen Veränderungen unterworfen. Diese sind in den entsprechenden Abschnitten dieses Buches aufgeführt. Die vorstehenden Verben sind jedoch Beispiele für Verben, die vollkommen regelmäßig sind. Viele dieser Verben können reflexiv und nichtreflexiv gebraucht werden. Die am häufigsten vorkommende Form wird in der vorstehenden Liste aufgeführt. Achten Sie auch darauf, daß einige der Verbformen denjenigen der Verben auf **-ar** und **-er** sehr ähnlich sind. Nachstehendes gleicht Verben auf **-ar** und **-er**:

- die Endung der 1. Person Singular (**yo**) im Präsens;
- die Hilfsverben für die zusammengesetzten Tempora;
- die Bildung und Endungen des Futurs.

IMPERATIV

(tú) vive
(usted) viva
(vosotros) vivid
(ustedes) vivan

PLUSQUAMPERFEKT
había vivido

PRETÉRITO ANTERIOR
hube vivido

FUTUR I
viviré

FUTUR II
habré vivido

KONDITIONAL I
viviría

KONDITIONAL II
habría/hubiera vivido

KONJUNKTIV PRÄSENS
viva

KONJUNKTIV PERFEKT
haya vivido

KONJUNKTIV IMPERFEKT
viviera/viviese

KONJUNKTIV PLUSQUAMPERFEKT
hubiera/hubiese vivido

Nachstehendes gleicht Verben auf **-er**:
- vier der sechs Präsensformen;
- Gerundium (oder Partizip Präsens) und Partizip Perfekt;
- **Pretérito** und Imperfekt

Tomás es un joven que *se aburre* muy fácilmente. Sus amigos *sufren* mucho, porque en lugar de *unirles* a todos con su amistad, les *divide* con su falta de interés. Cuando *se reúnen* todos para *decidir* qué van a hacer, no quiere *admitir* ninguna sugerencia. No sé cómo *sobreviven* sus amigos.

Thomas ist ein junger Mann, der sich sehr leicht *langweilt*. Seine Freunde *leiden* sehr, denn anstatt *sie* alle mit seiner Freundschaft zu *vereinen*, *entzweit* er sie durch seinen Mangel an Interesse. Wenn *sie sich treffen*, um zu *entscheiden*, was sie machen möchten, will er keinen Vorschlag *annehmen*. Ich weiß nicht, wie seine Freunde *überleben*.

Verben auf **-ar**: **c → qu**

GERUNDIUM	***PARTIZIP PERFEKT***
sacando	sacado

PRÄSENS
saco

PERFEKT
he sacado

PROGESSIVFORM PRÄSENS
estoy sacando

PROGESSIVFORM IMPERFEKT
estaba sacando

IMPERFEKT
sacaba

PRETÉRITO
saqué
sacaste
sacó
sacamos
sacasteis
sacaron

PLUSQUAMPERFEKT
había sacado

PRETÉRITO ANTERIOR
hube sacado

Ähnliche Verben

aparcar	parken	**atracar**	überfallen
aplicar	anwenden	**buscar**	suchen
arrancar	anlassen	**confiscar**	beschlagnahmen
atacar	angreifen	**criticar**	kritisieren
tocar	berühren; spielen (*Instrument*)		

N.B. **-c-** wird zu **-qu-** vor Verb-Endungen, die mit **-e-** beginnen, um die Aussprache beizubehalten. In jeder sonstigen Hinsicht sind diese Verben regelmäßig. Es gibt auch andere Verben, die diese Veränderung **c → qu** haben, doch sie verändern auch den Stammvokal.

IMPERATIV

(tú) saca	(vosotros) sacad
(usted) saque	(ustedes) saquen

FUTUR I
sacaré

FUTUR II
habré sacado

KONDITIONAL I
sacaría

KONDITIONAL II
habría/hubiera sacado

KONJUNKTIV PRÄSENS
saque
saques
saque
saquemos
saquéis
saquen

KONJUNKTIV PERFEKT
haya sacado

KONJUNKTIV IMPERFEKT
sacara/sacase

KONJUNKTIV PLUSQUAMPERFEKT
hubiera/hubiese sacado

El atraco

El sábado pasado, fui víctima de un atraco ... Al llegar al centro de la ciudad, *busqué* un sitio para dejar el coche. Por fin *aparqué* en una calle oscura. Cuando bajé del coche, alguien me *tocó* en la espalda – con una navaja. El atracador me dijo – *Saque* el monedero. En lugar del monedero, *saqué* mi alarma personal. Con el ruido, el hombre que me *atacó* se fue corriendo, y *volcó* un puesto de fruta al doblar la esquina. Un policía le detuvo, y *confiscó* la navaja.

Der Überfall

Letzten Samstag wurde ich das Opfer eines Überfalls ... Als ich ins Stadtzentrum kam, *sah ich mich* nach einem Parkplatz für mein Auto *um*. Schließlich *parkte ich* in einer dunklen Straße. Als ich ausstieg, *berührte* jemand meinen Rücken – mit einem Messer. Der Angreifer sagte: »*Geben Sie* den Geldbeutel *her*« Statt des Geldbeutels *holte ich* meinen Personenalarm *heraus*. Bei dem Lärm *rannte* der Angreifer weg und *warf* einen Obststand *um*, als er um die Ecke bog. Ein Polizist hielt ihn an und *beschlagnahmte* sein Messer.

Verben auf **-ar**: **z ➔ c**

GERUNDIUM	***PARTIZIP PERFEKT***
cazando	cazado

PRÄSENS
cazo

PERFEKT
he cazado

PROGESSIVFORM PRÄSENS
estoy cazando

PROGESSIVFORM IMPERFEKT
estaba cazando

IMPERFEKT
cazaba

PRETÉRITO
cacé
cazaste
cazó
cazamos
cazasteis
cazaron

PLUSQUAMPERFEKT
había cazado

PRETÉRITO ANTERIOR
hube cazado

Ähnliche Verben

abrazar	umarmen	**lanzar**	werfen
avergonzarse	beschämt sein	**rezar**	beten

N.B. **-z-** wird zu **-c-** vor Verb-Endungen, die mit **-e-** beginnen, um die Aussprache beizubehalten. In jeder sonstigen Hinsicht sind diese Verben regelmäßig. Es gibt auch eine ganze Reihe sonstiger Verben, die diese Veränderung **z ➔ c** haben, doch sie verändern auch den Stammvokal.

El almuerzo del domingo
Hoy, domingo, *almorzamos* la familia y yo como siempre, pero, ¡qué desastre! Primero, *empecé* a comer antes que mi padre, así que se enfadó conmigo. Luego mi madre me dio espinacas

Das Sonntagsessen
Heute, am Sonntag, *aßen* meine Familie und ich wie gewöhnlich *zu mittag*, doch was für ein Desaster! Als erstes *begann ich*, vor meinem Vater zu essen und er wurde mit mir böse. Dann gab mir meine

IMPERATIV

(tú) caza	(vosotros) cazad
(usted) cace	(ustedes) cacen

FUTUR I
cazaré

FUTUR II
habré cazado

KONDITIONAL I
cazaría

KONDITIONAL II
habría/hubiera cazado

KONJUNKTIV PRÄSENS
cace
caces
cace
cacemos
cacéis
cacen

KONJUNKTIV PERFEKT
haya cazado

KONJUNKTIV IMPERFEKT
cazara/cazase

KONJUNKTIV PLUSQUAMPERFEKT
hubiera/hubiese cazado

... me *esforcé* en comerlas pero, ¡qué asco! Mi madre también le *forzó* a mi hermano a comer patatas, y éste *comenzó* a gritar que no le gustaban ... Por fin, papá *tropezó* al traer el postre, de manera que no tomamos postre. ¡Luego todos *empezamos* a gritar! ¡Espero que *reces* por nosotros y por la paz en nuestra familia!

Mutter Spinat ... Ich *gab mir Mühe*, ihn zu essen, doch wie scheußlich! Meine Mutter *zwang* auch meinen Bruder, Kartoffeln zu essen, und er *begann* zu schreien, daß er sie nicht mochte ... Schließlich *stolperte* mein Vater, als er den Nachtisch hereinbrachte: es gab also keinen. Dann *fingen wir* alle *an*, zu schreien. Ich hoffe, *du betest* für uns und den Frieden in unserer Familie!

Verben auf **-ar**: **g → gu**

GERUNDIUM	***PARTIZIP PERFEKT***
pagando	pagado

PRÄSENS
pago

PERFEKT
he pagado

PROGESSIVFORM PRÄSENS
estoy pagando

PROGESSIVFORM IMPERFEKT
estaba pagando

IMPERFEKT
pagaba

PRETÉRITO
pagué
pagaste
pagó
pagamos
pagasteis
pagaron

PLUSQUAMPERFEKT
había pagado

PRETÉRITO ANTERIOR
hube pagado

Ähnliche Verben

apagar	ausmachen, ausschalten	**obligar**	verpflichten
llegar	ankommen		

N.B. **-g-** wird zu **-gu-** vor Verb-Endungen, die mit **-e-** beginnen, um die Aussprache beizubehalten. In jeder sonstigen Hinsicht sind diese Verben regelmäßig. Es gibt auch eine ganze Reihe sonstiger Verben, die diese Veränderung **g → gu** haben, doch sie verändern auch den Stammvokal.

IMPERATIV

(tú) paga
(usted) pague
(vosotros) pagad
(ustedes) paguen

FUTUR I

pagaré

FUTUR II

habré pagado

KONDITIONAL I

pagaría

KONDITIONAL II

habría/hubiera pagado

KONJUNKTIV PRÄSENS

pague
pagues
pague
paguemos
paguéis
paguen

KONJUNKTIV PERFEKT

haya pagado

KONJUNKTIV IMPERFEKT

pagara/pagase

KONJUNKTIV PLUSQUAMPERFEKT

hubiera/hubiese pagado

Instrucciones y publicidad

***Descuelgue* el receptor antes de marcar el número deseado.**

¡*Friegue* sus platos con Flush!

No *llegues* tarde – ¡compra un SEAT!

¡No lo *niegues*, mis tomates son enormes! ¡Los *regué* con Bioriego!

Anweisungen und Reklame

Hörer *abnehmen*, ehe Sie die gewünschte Nummer wählen.

Spülen Sie ihr Geschirr mit Flush!

Komm nicht zu spät – kauf einen FIAT!

Leugne es nicht, meine Tomaten sind riesengroß! Ich *habe* sie mit Bioriego *gegossen*!

Verben auf **-ar**: **gu → gü**

GERUNDIUM	***PARTIZIP PERFEKT***
averiguando	averiguado

PRÄSENS	***PERFEKT***
averiguo	he averiguado
PROGESSIVFORM PRÄSENS	***PROGESSIVFORM IMPERFEKT***
estoy averiguando	estaba averiguando
IMPERFEKT	***PRETÉRITO***
averiguaba	averigüé averiguaste averiguó averiguamos averiguasteis averiguaron
PLUSQUAMPERFEKT	***PRETÉRITO ANTERIOR***
había averiguado	hube averiguado

Ähnliche Verben

amortiguar	abtöten, dämpfen	**apaciguar**	besänftigen

N.B. **-gu-** wird zu **-gü-** vor Verb-Endungen, die mit **-e-** beginnen, um die Aussprache beizubehalten. In jeder sonstigen Hinsicht sind diese Verben regelmäßig.

IMPERATIV

(tú) averigua
(usted) averigüe
(vosotros) averiguad
(ustedes) averigüen

FUTUR I

averiguaré

FUTUR II

habré averiguado

KONDITIONAL I

averiguaría

KONDITIONAL II

habría/hubiera averiguado

KONJUNKTIV PRÄSENS

averigüe
averigües
averigüe
averigüemos
averigüéis
averigüen

KONJUNKTIV PERFEKT

haya averiguado

KONJUNKTIV IMPERFEKT

averiguara/averiguase

KONJUNKTIV PLUSQUAMPERFEKT

hubiera/hubiese averiguado

Eso es todo lo que pude *averiguar*.	Das ist alles, was ich *herausfinden* konnte.
¡*Averígualo* tú mismo!	*Finde* es (doch) selbst *heraus*!
***Averígüelo* usted, por favor.**	*Finden* Sie es bitte selbst *heraus*.

Verben auf **-er** und **-ir**: **c → z**

GERUNDIUM venciendo	***PARTIZIP PERFEKT*** vencido

PRÄSENS
venzo
vences
vence
vencemos
vencéis
vencen

PERFEKT
he vencido

PROGESSIVFORM PRÄSENS
estoy venciendo

PROGESSIVFORM IMPERFEKT
estaba venciendo

IMPERFEKT
vencía

PRETÉRITO
vencí

PLUSQUAMPERFEKT
había vencido

PRETÉRITO ANTERIOR
hube vencido

Ähnliche Verben

convencer	überzeugen	**esparcir**	ausstreuen, ausbreiten
ejercer	ausüben, betreiben	**mecer**	wiegen, schaukeln

N.B. **-c-** wird zu **-z-** vor Verb-Endungen, die mit **-a-** oder **-o-** beginnen, um die Aussprache beizubehalten. In jeder sonstigen Hinsicht sind diese Verben regelmäßig. Es gibt auch eine ganze Reihe sonstiger Verben, die diese Veränderung **c → z** haben, doch sie verändern auch den Stammvokal.

IMPERATIV

(tú) vence	(vosotros) venced
(usted) venza	(ustedes) venzan

FUTUR I
venceré

FUTUR II
habré vencido

KONDITIONAL I
vencería

KONDITIONAL II
habría/hubiera vencido

KONJUNKTIV PRÄSENS
venza
venzas
venza
venzamos
venzáis
venzan

KONJUNKTIV PERFEKT
haya vencido

KONJUNKTIV IMPERFEKT
venciera/venciese

KONJUNKTIV PLUSQUAMPERFEKT
hubiera/hubiese vencido

No me *convences* . . .	Mich *überzeugst du* nicht...
¿Que no te *convenzo*?	Wirklich, *ich überzeuge* dich nicht?
¡*Convénzanos* a todos! **No nos *convencemos* fácilmente.**	*Überzeugen Sie uns* alle! *Wir sind* nicht leicht zu *überzeugen*.
Al final de la calle, *tuerce* a la derecha.	*Geh* am Ende der Straße nach rechts.
No *tuerzas* a la izquierda.	*Geh* nicht nach links.

Verben auf **-er** und **-ir**: **gu → g**

GERUNDIUM
distinguiendo

PARTIZIP PERFEKT
distinguido

PRÄSENS
distingo
distingues
distingue
distinguimos
distinguís
distinguen

PERFEKT
he distinguido

PROGESSIVFORM PRÄSENS
estoy distinguiendo

PROGESSIVFORM IMPERFEKT
estaba distinguiendo

IMPERFEKT
distinguía

PRETÉRITO
distinguí

PLUSQUAMPERFEKT
había distinguido

PRETÉRITO ANTERIOR
hube distinguido

Ähnliches Verb

extinguir löschen, ausmachen

N.B. **-gu-** wird zu **-g-** vor Verb-Endungen, die mit **-a-** oder **-o-** beginnen, um die Aussprache beizubehalten. In jeder sonstigen Hinsicht sind diese Verben regelmäßig. Es gibt noch andere Verben als **distinguir** und **extinguir**, die diese Veränderung **gu → g** haben, doch sie verändern auch den Stammvokal.

IMPERATIV

(tú) distingue
(usted) distinga
(vosotros) distinguid
(ustedes) distingan

FUTUR I

distinguiré

FUTUR II

habré distinguido

KONDITIONAL I

distinguiría

KONDITIONAL II

habría/hubiera distinguido

KONJUNKTIV PRÄSENS

distinga
distingas
distinga
distingamos
distingáis
distingan

KONJUNKTIV PERFEKT

haya distinguido

KONJUNKTIV IMPERFEKT

distinguiera/distinguiese

KONJUNKTIV PLUSQUAMPERFEKT

hubiera/hubiese distinguido

Hace falta que *distingas* entre los dos.	Du mußt zwischen den beiden einen *Unterschied machen.*
¡*Persíguelo* y acaba con él!	*Lauf* ihm nach und mach ihn fertig!
Mi amigo *consiguió* hacerlo.	Es *gelang* meinem Freund, es zu tun.
Hace falta que *consigas* un diez.	Du mußt eine Zehn *bekommen.*

Verben auf **-er** und **-ir**: **g → j**

GERUNDIUM	***PARTIZIP PERFEKT***
cogiendo	cogido

PRÄSENS
cojo
coges
coge
cogemos
cogéis
cogen

PERFEKT
he cogido

PROGESSIVFORM PRÄSENS
estoy cogiendo

PROGESSIVFORM IMPERFEKT
estaba cogiendo

IMPERFEKT
cogía

PRETÉRITO
cogí

PLUSQUAMPERFEKT
había cogido

PRETÉRITO ANTERIOR
hube cogido

Ähnliche Verben

acoger	aufnehmen	**proteger**	(be)schützen
escoger	(aus)wählen	**restringir**	einschränken
fingir	vorgeben		

N.B. **-g-** wird zu **-j-** vor Verb-Endungen, die mit **-a-** oder **-o-** beginnen, um die Aussprache beizubehalten. In jeder sonstigen Hinsicht sind diese Verben regelmäßig. Es gibt auch noch andere Verben, die diese Veränderung **g → j** haben, doch sie verändern auch den Stammvokal.

IMPERATIV

(tú) coge	(vosotros) coged
(usted) coja	(ustedes) cojan

FUTUR I
cogeré

FUTUR II
habré cogido

KONDITIONAL I
cogería

KONDITIONAL II
habría/hubiera cogido

KONJUNKTIV PRÄSENS
coja
cojas
coja
cojamos
cojáis
cojan

KONJUNKTIV PERFEKT
haya cogido

KONJUNKTIV IMPERFEKT
cogiera/cogiese

KONJUNKTIV PLUSQUAMPERFEKT
hubiera/hubiese cogido

Publicidad **¡Para perfeccionar su caligrafía, *elija* Grafolín, el mejor bolígrafo del mundo!**	**Anzeige** Um Ihre Handschrift zu verbessern, *wählen Sie* Grafolín – den besten Kugelschreiber der Welt!
Oración **¡Que Dios me *proteja* del mal! *Protégeme*, Señor ...**	**Gebet** Möge Gott mich vor dem Bösen *schützen*! Herr, *beschütze* mich ...
Impaciencia **¡Vamos, de prisa, *coja* esto!**	**Ungeduld** Los, schnell, *Fassen Sie* an!

Verben auf **-uir**: **i → y**

GERUNDIUM	*PARTIZIP PERFEKT*
huyendo	huido

PRÄSENS
huyo
huyes
huye
huimos
huís
huyen

PERFEKT
he huido

PROGRESSIVFORM PRÄSENS
estoy huyendo

PROGRESSIVFORM IMPERFEKT
estaba huyendo

IMPERFEKT
huía

PRETÉRITO
huí
huiste
huyó
huimos
huisteis
huyeron

Ähnliche Verben

concluir	abschließen; folgern	**disminuir**	vermindern
construir	bauen	**excluir**	ausschließen
destruir	zerstören	**incluir**	einschließen
distribuir	verteilen	**influir**	beeinflussen

N.B. Das **-i-** wird durch **-y-** ersetzt, um zu vermeiden, daß drei Vokale nebeneinanderstehen. In jeder sonstigen Hinsicht sind diese Verben regelmäßig.

IMPERATIV

(tú) huye
(usted) huya

(vosotros) huid
(ustedes) huyan

PLUSQUAMPERFEKT

había huido

PRETÉRITO ANTERIOR

hube huido

FUTUR I

huiré

FUTUR II

habré huido

KONDITIONAL I

huiría

KONDITIONAL II

habría/hubiera huido

KONJUNKTIV PRÄSENS

huya
huyas
huya
huyamos
huyáis
huyan

KONJUNKTIV PERFEKT

haya huido

KONJUNKTIV IMPERFEKT

huyera/huyese

KONJUNKTIV PLUSQUAMPERFEKT

hubiera/hubiese huido

¡*Huye*, que ya viene el profesor!	*Lauf*, der Lehrer kommt!
Te digo que no *huyas* . . .	Ich sag's dir, *lauf* nicht weg . . .
Los moros *construyeron* esta casa.	Die Araber *bauten* dieses Haus.

Verben auf **-eer**: zwischen Vokalen steht ein **-y-**

GERUNDIUM leyendo	***PARTIZIP PERFEKT*** leído
PRÄSENS leo	***PERFEKT*** he leído
PROGRESSIVFORM PRÄSENS estoy leyendo	***PROGRESSIVFORM IMPERFEKT*** estaba leyendo
IMPERFEKT leía	***PRETÉRITO*** leí leíste leyó leímos leísteis leyeron
PLUSQUAMPERFEKT había leído	***PRETÉRITO ANTERIOR*** hube leído

Ähnliche Verben

creer	glauben	**poseer**	besitzen

N.B. Das **-i-** wird durch **-y-** ersetzt, um zu vermeiden, daß drei Vokale nebeneinanderstehen. Bei bestimmten Formen (einschließlich Konjunktiv Imperfekt) bekommt das **-i-** in der geschriebenen Sprache einen Akzent, damit die Betonung an der richtigen Stelle beibehalten wird. In jeder sonstigen Hinsicht sind diese Verben regelmäßig. Achten Sie bitte darauf, daß **caer** »fallen« und **oir** »hören« zwar ähnliche doch auch weitere Unregelmäßigkeiten besitzen.

IMPERATIV

(tú) lee
(usted) lea

(vosotros) leed
(ustedes) lean

FUTUR I

leeré

FUTUR II

habré leído

KONDITIONAL I

leería

KONDITIONAL II

habría/hubiera leído

KONJUNKTIV PRÄSENS

lea
leas
lea
leamos
leáis
lean

KONJUNKTIV PERFEKT

haya leído

KONJUNKTIV IMPERFEKT

leyera/leyese

KONJUNKTIV PLUSQUAMPERFEKT

hubiera/hubiese leído

***Léelo* en voz alta.**	*Lies* es laut.
No *oyeron* nada.	*Sie hörten* nichts.
***Leyó* el periódico de cabo a rabo.**	*Er las* die Zeitung von A bis Z

Verben mit betontem schwachen Vokal: **i → í**

GERUNDIUM	***PARTIZIP PERFEKT***
enviando	enviado

PRÄSENS
envío
envías
envía
enviamos
enviáis
envían

PERFEKT
he enviado

PROGRESSIVFORM PRÄSENS
estoy enviando

PROGRESSIVFORM IMPERFEKT
estaba enviando

IMPERFEKT
enviaba

PRETÉRITO
envié

PLUSQUAMPERFEKT
había enviado

PRETÉRITO ANTERIOR
hube enviado

Ähnliche Verben

confiar	anvertrauen, übergeben
criar	züchten; aufziehen
desafiar	herausfordern; trotzen
desviar	umleiten
fiar	vertrauen, verlassen (auf)
guiar	(Weg)weisen, führen
liar	fest-, zusammenbinden
vaciar	(ent)leeren

N.B. Diese Verben auf **-iar** (jedoch nicht alle) brauchen auf dem **-i-** einen Akzent, wenn es betont wird. Alle Endungen sind regelmäßig.

IMPERATIV

(tú) envía
(usted) envíe
(vosotros) enviad
(ustedes) envíen

FUTUR I

enviaré

FUTUR II

habré enviado

KONDITIONAL I

enviaría

KONDITIONAL II

habría/hubiera enviado

KONJUNKTIV PRÄSENS

envíe
envíes
envíe
enviemos
enviéis
envíen

KONJUNKTIV PERFEKT

haya enviado

KONJUNKTIV IMPERFEKT

enviara/enviase

KONJUNKTIV PLUSQUAMPERFEKT

hubiera/hubiese enviado

***Me fío* de ti, hijo.**	Ich *verlasse* mich auf dich, mein Sohn.
Pepe *criaba* ovejas en Alcalá.	Pepe *züchtete* in Alcalá Schafe.
***Vacíen* ustedes sus bolsillos.**	*Leeren* Sie Ihre Taschen!
Mi amigo me *confió* un secreto.	Mein Freund *vertraute* mir ein Geheimnis *an*.

Verben mit betontem schwachen Vokal: **u → ú**

GERUNDIUM	***PARTIZIP PERFEKT***
actuando	actuado

PRÄSENS
actúo
actúas
actúa
actuamos
actuáis
actúan

PERFEKT
he actuado

PROGRESSIVFORM PRÄSENS
estoy actuando

PROGRESSIVFORM IMPERFEKT
estaba actuando

IMPERFEKT
actuaba

PRETÉRITO
actué

PLUSQUAMPERFEKT
había actuado

PRETÉRITO ANTERIOR
hube actuado

Ähnliche Verben

continuar	fortsetzen, weiterführen	**exceptuar**	ausnehmen (von)
devaluar	abwerten	**insinuar**	andeuten, zu verstehen geben
evaluar	auswerten	**perpetuar**	verewigen, aufrechterhalten

N.B. Bei bestimmten Verbformen ist der Akzent notwendig, um die richtige Betonung beizubehalten. Die Endungen sind regelmäßig. Bitte achten Sie darauf, daß einige Verben auch einen Akzent auf dem **-i-** des Stamms brauchen, wenn es betont wird (z.B. **aislar** »isolieren« und **prohibir** »verbieten«), und **reunir(se)** »vereinen« erfordert einen Akzent auf dem **-u-**, wenn es betont wird.

IMPERATIV

(tú) actúa
(usted) actúe
(vosotros) actuad
(ustedes) actúen

FUTUR I

actuaré

FUTUR II

habré actuado

KONDITIONAL I

actuaría

KONDITIONAL II

habría/hubiera actuado

KONJUNKTIV PRÄSENS

actúe
actúes
actúe
actuemos
actuéis
actúen

KONJUNKTIV PERFEKT

haya actuado

KONJUNKTIV IMPERFEKT

actuara/actuase

KONJUNKTIV PLUSQUAMPERFEKT

hubiera/hubiese actuado

El arbitro *actuó* bien en ese partido.
Der Schiedsrichter *verhielt* sich in diesem Spiel gut.

Mi padre *actúa* de protagonista en la pieza.
Mein Vater *tritt* als Hauptdarsteller im Theaterstück *auf*.

Verben, deren Stamm auf **-ll-** endet

GERUNDIUM	***PARTIZIP PERFEKT***
zambullendo	zambullido

PRÄSENS
zambullo

PERFEKT
he zambullido

PROGRESSIVFORM PRÄSENS
estoy zambullendo

PROGRESSIVFORM IMPERFEKT
estaba zambullendo

IMPERFEKT
zambullía

PRETÉRITO
zambullí
zambulliste
zambulló
zambullimos
zambullisteis
zambulleron

PLUSQUAMPERFEKT
había zambullido

PRETÉRITO ANTERIOR
hube zambullido

Ähnliche Verben

engullir	verschlingen	**escabullirse**	entwischen

N.B. Wie Sie aus vorstehender Liste sehen, verschwindet das **-i-** bei bestimmten Formen aufgrund des **-ll-**, wenn ihm ein betontes **-e** oder **-o** folgt.

IMPERATIV

(tú) zambulle
(usted) zambulla

(vosotros) zambullid
(ustedes) zambullan

FUTUR I

zambulliré

FUTUR II

habré zambullido

KONDITIONAL I

zambulliría

KONDITIONAL II

habría/hubiera zambullido

KONJUNKTIV PRÄSENS

zambulla

KONJUNKTIV PERFEKT

haya zambullido

KONJUNKTIV IMPERFEKT

zambullera/zambullese
zambulleras/zambulleses
zambullera/zambullese
zambulléramos/zambullésemos
zambullerais/zambulleseis
zambulleran/zambullesen

KONJUNKTIV PLUSQUAMPERFEKT

hubiera/hubiese zambullido

El ladrón *se escabulló* con las joyas.	Der Dieb *entwischte* mit dem Schmuck.
Están *zambulléndose* en el agua.	Sie *tauchen* ins Wasser *ein.*
¡No *engullas* tu manzana!	*Verschling* deinen Apfel nicht so!

Verben, deren Stamm auf **-ñ-** endet

GERUNDIUM	***PARTIZIP PERFEKT***
gruñendo	gruñido

PRÄSENS
gruño

PERFEKT
he gruñido

PROGRESSIVFORM PRÄSENS
estoy gruñendo

PROGRESSIVFORM IMPERFEKT
estaba gruñendo

IMPERFEKT
gruñía

PRETÉRITO
gruñí
gruñiste
gruñó
gruñimos
gruñisteis
gruñeron

PLUSQUAMPERFEKT
había gruñido

PRETÉRITO ANTERIOR
hube gruñido

Ähnliche Verben

ceñir	umgürten, umgeben, einfassen	**tañer**	spielen (*Instrument*) läuten
reñir	schimpfen, streiten	**teñir**	färben

N.B. Wie Sie aus vorstehender Liste sehen, verschwindet das **-i-** bei bestimmten Formen aufgrund des **-ñ-**, wenn ihm ein betontes **-e** oder **-o** folgt.

IMPERATIV

(tú) gruñe
(usted) gruña
(vosotros) gruñid
(ustedes) gruñan

FUTUR I

gruñiré

FUTUR II

habré gruñido

KONDITIONAL I

gruñiría

KONDITIONAL II

habría/hubiera gruñido

KONJUNKTIV PRÄSENS

gruña

KONJUNKTIV PERFEKT

haya gruñido

KONJUNKTIV IMPERFEKT

gruñera/gruñese
gruñeras/gruñeses
gruñera/gruñese
gruñéramos/gruñésemos
gruñerais/gruñeseis
gruñeran/gruñesen

KONJUNKTIV PLUSQUAMPERFEKT

hubiera/hubiese gruñido

¡No me *riñas* así!	*Schimpf* nicht so mit mir!
La profesora *riñó* a las chicas.	Die Lehrerin *schimpfte* mit den Mädchen.
Los músicos *tañeron* suavemente.	Die Musiker *spielten* sehr zart.

Verbformen mit **-g-**

GERUNDIUM	***PARTIZIP PERFEKT***
asiendo	asido

PRÄSENS
asgo
ases
ase
asimos
asís
asen

PERFEKT
he asido

PROGRESSIVFORM PRÄSENS
estoy asiendo

PROGRESSIVFORM IMPERFEKT
estaba asiendo

IMPERFEKT
asía

PRETÉRITO
así

PLUSQUAMPERFEKT
había asido

PRETÉRITO ANTERIOR
hube asido

N.B. In der Praxis werden die Formen mit **-g-** vermieden und man benutzt ein anderes Verb.

IMPERATIV

(tú) ase
(usted) asga
(vosotros) asid
(ustedes) asgan

FUTUR I

asiré

FUTUR II

habré asido

KONDITIONAL I

asiría

KONDITIONAL II

habría/hubiera asido

KONJUNKTIV PRÄSENS

asga
asgas
asga
asgamos
asgáis
asgan

KONJUNKTIV PERFEKT

haya asido

KONJUNKTIV IMPERFEKT

asiera/asiese

KONJUNKTIV PLUSQUAMPERFEKT

hubiera/hubiese asido

Me *así* a la barra para no caer.	Ich *packte* die Stange, um nicht zu fallen.
¡*Asete* a esa rama!	*Pack* diesen Zweig!
Siempre me *asgo* a algo.	Ich *halte* mich immer an etwas *fest*.

Gruppe 1: Verben, die den Stammvokal von **e → ie** verwandeln

GERUNDIUM	***PARTIZIP PERFEKT***
pensando	pensado

PRÄSENS
pienso
piensas
piensa
pensamos
pensáis
piensan

PERFEKT
he pensado

PROGRESSIVFORM PRÄSENS
estoy pensando

PROGRESSIVFORM IMPERFEKT
estaba pensando

IMPERFEKT
pensaba

PRETÉRITO
pensé
pensaste
pensó
pensamos
pensasteis
pensaron

Ähnliche Verben

cerrar	schließen	**entender**	verstehen
empezar	anfangen, beginnen	**sentar(se)**	sich setzen

(Dies ist nur eine sehr kleine Auswahl der Verben, die diese Veränderung von **e → ie** vornehmen).

N.B. Diese Verben gehören zur Gruppe 1 der Verben, die den Stammvokal ändern. Sie sind lediglich im Indikativ und Konjunktiv Präsens und daher auch in den Imperativformen (außer der **vosotros**-Form **pensad**) unregelmäßig. Das **-e-** des Stamms verwandelt sich in den stammbetonten Formen in **-ie-**. Bei den endungsbetonten Formen bleibt das **-e-** erhalten. Da lediglich im Indikativ und Konjunktiv Präsens einige Verbformen stammbetont sind, kommt diese Veränderung in den anderen Tempora nicht vor. Bitte daran denken, daß einige dieser Verben auf **-ar** und einige auf **-er** enden und die regelmäßigen Endungen für diese Gruppen gebrauchen. Verben auf **-zar** und **-gar** sind ebenfalls Verben, die den Stammvokal ändern: ➤*Modellverben 6 und 7.*

IMPERATIV

(tú) piensa
(usted) piense

(vosotros) pensad
(ustedes) piensen

PLUSQUAMPERFEKT
había pensado

PRETÉRITO ANTERIOR
hube pensado

FUTUR I
pensaré

FUTUR II
habré pensado

KONDITIONAL I
pensaría

KONDITIONAL II
habría/hubiera pensado

KONJUNKTIV PRÄSENS
piense
pienses
piense
pensemos
penséis
piensen

KONJUNKTIV PERFEKT
haya pensado

KONJUNKTIV IMPERFEKT
pensara/pensase

KONJUNKTIV PLUSQUAMPERFEKT
hubiera/hubiese pensado

Conque, ¿hace frío? ¿*Nieva*? Pues lo que necesitas es un buen plato de sopa de patatas. Te la *recomendamos*. Preparación: ¡primero, recoge las patatas que *sembraste* en la primavera! Pélalas y *hiérvelas* en agua durante diez minutos. Sácalas del agua, pásalas por la licuadora y añade un poco de agua. *Caliéntalo* bien, y ¡ya tienes tu sopa de patatas! *Siéntate*, *despliega* tu servilleta y *empieza* a comer. Y después, ¡*friega* bien los platos!

Es ist also kalt? *Es schneit*? Nun, was du da brauchst, ist ein guter Teller Kartoffelsuppe. Wir *empfehlen* sie dir. Zubereitung: Als erstes mußt du die Kartoffeln ernten, die du im Frühjahr *gepflanzt hast*. Du mußt sie schälen und zehn Minuten in Wasser *kochen*. Aus dem Wasser herausnehmen, durch den Mixer passieren und etwas Wasser hinzugeben. Gut *erwärmen*, und schon hast du deine Kartoffelsuppe! *Setz dich*, *nimm* deine Serviette, und *fang an*, zu essen. Nachher die Teller gut *abwaschen*!

Gruppe 1: Verben, die den Stammvokal von **o → ue** verwandeln

GERUNDIUM	***PARTIZIP PERFEKT***
volviendo	vuelto

PRÄSENS
vuelvo
vuelves
vuelve
volvemos
volvéis
vuelven

PERFEKT
he vuelto

PROGRESSIVFORM PRÄSENS
estoy volviendo

PROGRESSIVFORM IMPERFEKT
estaba volviendo

IMPERFEKT
volvía

PRETÉRITO
volví

PLUSQUAMPERFEKT
había vuelto

PRETÉRITO ANTERIOR
hube vuelto

Ähnliche Verben

acordarse	sich erinnern	**encontrar**	finden, treffen
costar	kosten	**soler**	pflegen, gewohnt sein

(Dies sind nur vier der zahlreichen Verben, die diese Änderung von **o → ue** vornehmen).

N.B. Diese Verben gehören zur Gruppe 1 der Verben, die den Stammvokal ändern. Sie sind lediglich im Indikativ und Konjunktiv Präsens und daher auch in den Imperativformen (außer der **vosotros**-Form **volved**) unregelmäßig. Das **-o-** des Stamms verwandelt sich in den stammbetonten Formen in **-ue-**. Bei den endungsbetonten Formen bleibt das **-o-** erhalten. Da lediglich im Indikativ und Konjunktiv Präsens einige Verbformen stammbetont sind, kommt diese Veränderung bei den anderen Tempora nicht vor. Die meisten sind in sonstiger Hinsicht regelmäßig, doch achten Sie darauf, daß das Partizip Perfekt von **volver → vuelto** und auch einige der zusammengesetzten Formen dieses Verbs unregelmäßig sind. Z.B. **envolver → envuelto** und **resolver → resuelto**. Alle diese Verben sind entweder Verben auf **-ar** oder auf **-er** und gebrauchen die regelmäßigen Endungen für ihre Gruppe. Bitte daran denken, daß Verben auf **-car**, **-zar** oder **-gar** ebenfalls Verben sind, die den Stammvokal ändern: ➤*Modellverben 5, 6 und 7.*

IMPERATIV

(tú) vuelve	(vosotros) volved
(usted) vuelva	(ustedes) vuelvan

FUTUR I
volveré

FUTUR II
habré vuelto

KONDITIONAL I
volvería

KONDITIONAL II
habría/hubiera vuelto

KONJUNKTIV PRÄSENS
vuelva
vuelvas
vuelva
volvamos
volváis
vuelvan

KONJUNKTIV PERFEKT
haya vuelto

KONJUNKTIV IMPERFEKT
volviera/volviese

KONJUNKTIV PLUSQUAMPERFEKT
hubiera/hubiese vuelto

Normalmente *me acuesto* a medianoche, y *suelo* dormir bien ... Pero ya son las ocho ... Me levanto, *tuesto* un trozo de pan, y lo olvido. De pronto *me acuerdo del* pan. ¡Cómo *huele* el pan quemado! Voy a llegar tarde al trabajo. *Llueve* a cántaros: cojo el coche y al final de la calle *vuelca* al doblar la esquina. *Vuelvo* a casa a pie, y ¡me *muerde* un perro! ¡Cómo me *duele* la pierna! Luego de repente *me despierto* ... Estaba *soñando,* nada más, y ¡*me duele* la pierna porque he caído de la cama!

Normalerweise *gehe ich* um Mitternacht ins Bett, und ich *pflege gewöhnlich* gut zu schlafen ... Es ist jedoch bereits acht Uhr ... Ich stehe auf, *mache* mir ein Stück Toast und vergesse es. Plötzlich *erinnere* ich *mich* an das Brot. Wie verbranntes Brot *riecht*! Ich werde zu spät zur Arbeit kommen. Es *regnet* stark: ich nehme den Wagen, und am Ende der Straße *kippt* er um, als ich um die Ecke biege. Ich *kehre* zu Fuß nach Hause *zurück,* und ein Hund *beißt* mich! Mein Bein *tut* mir wirklich *weh*! Dann *wache* ich plötzlich *auf*... Ich *habe* nur *geträumt,* und mein Bein *tut weh*, weil ich aus dem Bett gefallen bin!

Gruppe 1: Verben, die den Stammvokal von **u** ➜ **ue** verwandeln

GERUNDIUM	***PARTIZIP PERFEKT***
jugando	jugado

PRÄSENS	***PERFEKT***
juego	he jugado
juegas	
juega	
jugamos	
jugáis	
juegan	

PROGRESSIVFORM PRÄSENS	***PROGRESSIVFORM IMPERFEKT***
estoy jugando	estaba jugando

IMPERFEKT	***PRETÉRITO***
jugaba	jugué
jugabas	jugaste
jugaba	jugó
jugábamos	jugamos
jugábais	jugasteis
jugaban	jugaron

N.B. **Jugar** ist das einzige Verb, das den Stammvokal von **u** in **ue** verwandelt. Andere, ähnlichen Verben gibt es also nicht. Es gehört in jeder sonstigen Hinsicht zu den Verben der Gruppe 1, die **o** in **ue** verwandeln. Sie sind lediglich im Indikativ und Konjunktiv Präsens und daher auch in den Imperativformen unregelmäßig (außer der **vosotros**-Form **jugad**).

Bei **jugar** verwandelt sich das **-u-** des Stamms bei den stammbetonten Formen in **-ue-**. Bei den endungsbetonten Formen bleibt das **-u-** erhalten. Da lediglich im Indikativ und Konjunktiv Präsens einige Verbformen stammbetont sind, kommt diese Veränderung bei den anderen Tempora nicht vor.
Achten Sie jedoch auf das **-gu-** in der 1. Person Singular des **pretérito** und bei sämtlichen Formen des Konjunktivs Präsens. Hiermit soll lediglich die Aussprache des harten **-g-** in den Verbformen erhalten bleiben, deren Endung mit **-e-** beginnt.

IMPERATIV

(tú) juega	(vosotros) jugad
(usted) juegue	(ustedes) jueguen

PLUSQUAMPERFEKT
había jugado

PRETÉRITO ANTERIOR
hube jugado

FUTUR I
jugaré

FUTUR II
habré jugado

KONDITIONAL I
jugaría

KONDITIONAL II
habría/hubiera jugado

KONJUNKTIV PRÄSENS
juegue
juegues
juegue
juguemos
juguéis
jueguen

KONJUNKTIV PERFEKT
haya jugado

KONJUNKTIV IMPERFEKT
jugara/jugase

KONJUNKTIV PLUSQUAMPERFEKT
hubiera/hubiese jugado

Los jugadores	**Die Spieler**
MARADONA *JUEGA* OTRA VEZ CON LA SELECCIÓN ARGENTINA	MARADONNA *SPIELT* WIEDER FÜR ARGENTINIEN.
EL ATLETIC DE BILBAO *JUGARÁ* MAÑANA EN EL ESTADIO BERNABEU	ATLETIC BILBAO *WIRD* MORGEN IM BERNABEU STADION *SPIELEN*.
ARANTXA SANCHEZ VICARIO NO *JUGÓ* EN WIMBLEDON A CAUSA DE SU ENFERMEDAD	ARANTXA SANCHEZ VICARIO *SPIELTE* NICHT IN WIMBLEDON, DENN SIE WAR KRANK.
"*JUGUÉ* MUY MAL EN ST ANDREWS" CONFIESA SEVE BALLESTEROS	»ICH *SPIELTE* IN ST. ANDREWS SCHLECHT«, GESTAND SEVE BALLESTEROS EIN.
"LOS NIÑOS QUE *JUEGAN* EN LA CALLE CORREN GRANDES RIESGOS" AFIRMA EL DIRECTOR GENERAL DE SANIDAD	»KINDER, DIE AUF DER STRASSE *SPIELEN*, LAUFEN GROSSE GEFAHR«, MEINT DER DIREKTOR DES ÖFFENTLICHEN GESUNDHEITSWESENS.

Gruppe 2: Verben, die den Stammvokal von **e → ie** und **i** verwandeln

GERUNDIUM	***PARTIZIP PERFEKT***
sintiendo	sentido

PRÄSENS
siento
sientes
siente
sentimos
sentís
sienten

PERFEKT
he sentido

PROGRESSIVFORM PRÄSENS
estoy sintiendo

PROGRESSIVFORM IMPERFEKT
estaba sintiendo

IMPERFEKT
sentía

PRETÉRITO
sentí
sentiste
sintió
sentimos
sentisteis
sintieron

Ähnliche Verben

advertir	benachrichtigen	**mentir**	lügen
divertirse	sich unterhalten, vergnügen	**preferir**	vorziehen
herir	verletzen	**referir**	Bezug nehmen auf, erzählen
		sugerir	vorschlagen

(Diese gehören zu den häufiger vorkommenden Verben dieser Gruppe).

N.B. Diese Verben gehören zur Gruppe 2 der Verben, die den Stammvokal ändern.Sie enden alle auf **-ir**. Sie verwandeln bei einigen Formen des Indikativs und Konjunktivs Präsens und daher auch in den Imperativformen (außer der **vosotros**-Form **sentid**) den Stammvokal von **e → ie**. Das **-e-** des Stamms verwandelt sich in den stammbetonten Formen in **-ie-**. Bei den endungsbetonten Formen bleibt das **-e-** erhalten. Weiterhin verwandeln diese Verben im Gerundium, in der 1. und 2. Person Plural des Konjunktivs Präsens, in der 3. Person Singular und Plural des **pretérito** und in allen Formen des Konjunktivs Imperfekt das **e → i**. In sonstiger Hinsicht sind diese Verben regelmäßig.

IMPERATIV

(tú) siente	(vosotros) sentid
(usted) sienta	(ustedes) sientan

PLUSQUAMPERFEKT
había sentido

PRETÉRITO ANTERIOR
hube sentido

FUTUR I
sentiré

FUTUR II
habré sentido

KONDITIONAL I
sentiría

KONDITIONAL II
habría/hubiera sentido

KONJUNKTIV PRÄSENS
sienta
sientas
sienta
sintamos
sintáis
sientan

KONJUNKTIV PERFEKT
haya sentido

KONJUNKTIV IMPERFEKT
sintiera/sintiese

KONJUNKTIV PLUSQUAMPERFEKT
hubiera/hubiese sentido

En tiempos de la Reconquista había mucha intolerancia religiosa. Muchos musulmanes *se convirtieron* en cristianos y viceversa. Otros no lo hicieron, y si no se *arrepentían*, *sintieron* toda la ira de sus enemigos.

In der Zeit der Rückeroberung Spaniens aus der Herrschaft der Mauren gab es sehr viel religiöse Intoleranz. Viele Moslems *wurden* Christen und umgekehrt. Andere taten es nicht, und bekamen, wenn sie keine *Reue zeigten*, den vollen Zorn ihrer Feinde zu *spüren*.

La Mili

En España, todos los jóvenes tienen que hacer la Mili: los españoles usan esta palabra cuando *se refieren* al servicio militar obligatorio. Algunos *se divierten* mucho pero otros muchos *prefieren* no hacerlo.

Militärdienst

In Spanien müssen alle jungen Männer zum Militär, »la Mili«: Die Spanier benutzen dieses Wort, wenn sie den gesetzlichen Wehrdienst *meinen*. Manche *haben* sehr viel *Spaß* dabei, doch viele andere *ziehen* es *vor*, keinen Wehrdienst zu machen.

Gruppe 2: Verben, die den Stammvokal von **o ➔ ue** und **u** verwandeln

GERUNDIUM	***PARTIZIP PERFEKT***
durmiendo	dormido

PRÄSENS	***PERFEKT***
duermo	he dormido
duermes	
duerme	
dormimos	
dormís	
duermen	

PROGRESSIVFORM PRÄSENS	***PROGRESSIVFORM IMPERFEKT***
estoy durmiendo	estaba durmiendo

IMPERFEKT	***PRETÉRITO***
dormía	dormí
	dormiste
	durmió
	dormimos
	dormisteis
	durmieron

Ähnliches Verb

morir sterben

N.B. Dieses Verb gehört zur Gruppe 2 der Verben, die den Stammvokal ändern. Sie verwandeln im Indikativ und Konjunktiv Präsens und daher auch in den Imperativformen (außer der **vosotros**-Form **dormid**) den Stammvokal von **o ➔ ue**. Das **-o-** des Stamms verwandelt sich in den stammbetonten Formen in **-ue-**. Bei den endungsbetonten Formen bleibt das **-o-** erhalten. Weiterhin verwandeln diese beiden Verben im Gerundium, in der 3. Person Singular und Plural des **pretérito**, in allen Formen des Konjunktivs Imperfekt sowie in der 1. und 2. Person Plural des Konjunktivs Präsens das **o ➔ u**. In sonstiger Hinsicht sind diese Verben regelmäßig. Achten Sie jedoch auf das unregelmäßige Partizip Perfekt von **morir ➔ muerto**.

IMPERATIV

(tú) duerme	(vosotros) dormid
(usted) duerma	(ustedes) duerman

PLUSQUAMPERFEKT
había dormido

PRETÉRITO ANTERIOR
hube dormido

FUTUR I
dormiré

FUTUR II
habré dormido

KONDITIONAL I
dormiría

KONDITIONAL II
habría/hubiera dormido

KONJUNKTIV PRÄSENS
duerma
duermas
duerma
durmamos
durmáis
duerman

KONJUNKTIV PERFEKT
haya dormido

KONJUNKTIV IMPERFEKT
durmiera/durmiese

KONJUNKTIV PLUSQUAMPERFEKT
hubiera/hubiese dormido

Unos titulares

MUEREN CINCO PERSONAS EN UN ACCIDENTE DE TRÁFICO
SIDA: UN MILLÓN DE VÍCTIMAS _MORIRÁN_ ESTE AÑO
MURIÓ ENRIQUE TIERNO GALVAN: EL ALCALDE MÁS POPULAR QUE JAMÁS TUVO MADRID. _SE DURMIÓ_ AL VOLANTE DE SU NUEVO MERCEDES ...

Ein paar Schlagzeilen

FÜNF MENSCHEN *STERBEN* BEI EINEM VERKEHRSUNFALL.
AIDS: EINE MILLION OPFER *WERDEN* DIESES JAHR *STERBEN*.
ENRIQUE TIERNO GALVAN *GESTORBEN*: MADRIDS POPULÄRSTER BÜRGERMEISTER ALLER ZEITEN. ER *SCHLIEF* AM STEUER SEINES NEUEN MERCEDES *EIN* ...

Un poco de publicidad

¡_DUERMA_ BIEN CON UN COLCHÓN FLEX!
¡150 KILÓMETROS POR HORA MIENTRAS _DUERME_ ... Y LLEVE SU COCHE! ... EN AUTO-EXPRESO

Ein paar Anzeigen

SCHLAF GUT MIT EINER FLEX MATRATZE!
150 KM/H WÄHREND SIE *SCHLAFEN* ... UND DAS AUTO NEHMEN SIE MIT ... IM AUTOREISEZUG!

Gruppe 3: Verben, die den Stammvokal von **e ➜ i** verwandeln

GERUNDIUM	***PARTIZIP PERFEKT***
pidiendo	pedido

PRÄSENS
pido
pides
pide
pedimos
pedís
piden

PERFEKT
he pedido

PROGRESSIVFORM PRÄSENS
estoy pidiendo

PROGRESSIVFORM IMPERFEKT
estaba pidiendo

IMPERFEKT
pedía

PRETÉRITO
pedí
pediste
pidió
pedimos
pedisteis
pidieron

Ähnliche Verben

conseguir	erreichen, zuwege bringen	**reírse**	lachen
		reñir	zürnen, schimpfen
corregir	verbessern, berichtigen	**repetir**	wiederholen
despedir	verabschieden, entlassen	**seguir**	folgen, weitermachen
elegir	wählen	**servir**	(be)dienen
gemir	ächzen	**sonreír**	lächeln
impedir	verhindern	**teñir**	färben
regir	regieren, herrschen	**vestirse**	sich anziehen

(plus einige zusammengesetzte Formen dieser Verben)

N.B. Diese Verben gehören zur Gruppe 3 der Verben, die den Stammvokal ändern. Sie enden alle auf **-ir**. Sie verwandeln in den meisten Formen des Indikativs, allen Formen des Konjunktivs Präsens und daher auch in den Imperativformen (außer der **vosotros**-Form **pedid**) den Stammvokal von **e ➜ i**. Die Veränderung geschieht auch in der 3. Person Singular und Plural des **pretérito** und allen Formen des Konjunktivs Imperfekt sowie im Gerundium.

IMPERATIV
(tú) pide
(usted) pida
(vosotros) pedid
(ustedes) pidan

PLUSQUAMPERFEKT
había pedido

PRETÉRITO ANTERIOR
hube pedido

FUTUR I
pediré

FUTUR II
habré pedido

KONDITIONAL I
pediría

KONDITIONAL II
habría/hubiera pedido

KONJUNKTIV PRÄSENS
pida
pidas
pida
pidamos
pidáis
pidan

KONJUNKTIV PERFEKT
haya pedido

KONJUNKTIV IMPERFEKT
pidiera/pidiese

KONJUNKTIV PLUSQUAMPERFEKT
hubiera/hubiese pedido

Entrevista con el Presidente
– ¿Por qué *se viste* así?

– Pues, porque *sirvo* a mi país como soldado. Cuando me *eligieron*, ya era general, por lo tanto *sigo* con el uniforme.
– ¿Por qué *sonríe* tanto?
– Porque cuando era niño mi madre me *reñía* tanto que mis amigos *se reían* de mí. Y ahora soy jefe de todos. Ninguno *consiguió* lo que yo he *conseguido*.
– ¿Hasta cuándo será Presidente?
– ¡Hasta cuando me *despidan*!

Interview mit dem Präsidenten
»Weshalb *kleiden* Sie *sich* in dieser Weise?«
»Nun, ich *diene* meinem Land als Soldat. Als sie mich *wählten*, war ich bereits General, also *habe* ich die Uniform *beibehalten*.«
»Weshalb *lächeln* Sie soviel?«
»Als ich Kind war, *schimpfte* meine Mutter so viel mit mir, daß meine Freunde über mich *lachten*. Und heute bin ich ihr Boss. Keiner *hat erreicht*, was ich *erreichte*.«

»Und wie lange werden Sie Präsident sein?«
»Bis sie mich *entlassen*!«

Unregelmäßige Verben

Die nachstehenden sind die am häufigsten vorkommenden unregelmäßigen Verben im Spanischen. Einige sind nur deshalb mit einbezogen worden, weil sie einmalige orthographische Veränderungen haben oder keinem vorhersagbaren Konjugationsmuster folgen.

In den Verbformen des Futurs und Konditionals kann nur der Stamm unregelmäßig sein – die Endungen sind immer die gleichen. Daher wird nur die 1. Person Singular angegeben. Bitte schlagen Sie die vollständigen Endungen im Abschnitt *Das spanische Konjugationssystem* nach [➤*Modellverb 1*]. Alle Unregelmäßigkeiten des Futurstamms kommen auch im Konditional vor.

Abgesehen von **ser** und **ir** ist die Imperfektform aller Verben regelmäßig. Man gebraucht entweder die **-ar** oder **-er/-ir** Endungen. Daher wird nur die 1. Person Singular angegeben, denn die anderen Formen sind problemlos mit Hilfe des Abschnitts *Regelmäßige Verben* [➤*Modellverb 2, 3, 4*] festzustellen.

Aus dem gleichen Grund werden auch die zusammengesetzten Tempora mit **estar** oder **haber** nicht vollständig aufgeführt: Sehen Sie einfach in den Tabellen für **estar** oder **haber** nach [➤*Modellverb 38, 40*] oder in *Das spanische Konjugationssystem* [➤*Modellverb 1*].

Verben mit **pretérito grave** [➤*Das spanische Verbsystem* 10b(ix)] sind mit (**pg**) gekennzeichnet.

Verben, die im Indikativ und Konjunktiv Präsens den Stammvokal ändern, wie in dem Abschnitt *Das spanische Verbsystem* [➤10b(v)] beschrieben, sind mit (**SÄ**) gekennzeichnet [➤*Modellverben 19-24*].

GERUNDIUM	**PARTIZIP PERFEKT**
abriendo	abierto

PRÄSENS
abro
abres
abre
abrimos
abrís
abren

PERFEKT
he abierto

PROGRESSIVFORM PRÄSENS
estoy abriendo

PROGRESSIVFORM IMPERFEKT
estaba abriendo

IMPERFEKT
abría
abrías
abría
abríamos
abríais
abrían

PRETÉRITO
abrí
abriste
abrió
abrimos
abristeis
abrieron

Ähnliche Verben

cubrir	(be)decken	**entreabrir**	halb, ein wenig öffnen
descubrir	entdecken		

N.B. Die einzige Unregelmäßigkeit liegt hier in der Bildung des Partizips Perfekt. In jeder sonstigen Hinsicht ist dies ein regelmäßiges Verb auf **-ir**.

IMPERATIV

(tú) abre
(usted) abra

(vosotros) abrid
(ustedes) abran

PLUSQUAMPERFEKT

había abierto

PRETÉRITO ANTERIOR

hube abierto

FUTUR I

abriré

FUTUR II

habré abierto

KONDITIONAL I

abriría

KONDITIONAL II

habría/hubiera abierto

KONJUNKTIV PRÄSENS

abra
abras
abra
abramos
abráis
abran

KONJUNKTIV PERFEKT

haya abierto

KONJUNKTIV IMPERFEKT

abriera/abriese

KONJUNKTIV PLUSQUAMPERFEKT

hubiera/hubiese abierto

Unos avisos	**Mitteilungen**
***ABIERTO* DE 9 A 10**	VON 9 BIS 10 *GEÖFFNET*
ESTAS PUERTAS QUEDAN *ABIERTAS* DÍA Y NOCHE	DIESE TÜREN BLEIBEN TAG UND NACHT *GEÖFFNET*
***ABRA* EL GRIFO CON CUIDADO**	WASSERHAHN VORSICHTIG *AUFDREHEN*
ESTA PUERTA *SE ABRE* CON CARTA ELECTRÓNICA SOLAMENTE	DIESE TÜR KANN NUR MIT ELEKTRONISCHER KARTE *GEÖFFNET* WERDEN
***ABRIMOS* EL 1° DE SEPTIEMBRE**	WIR *ERÖFFNEN* AM 1. SEPTEMBER

(SÄ)

GERUNDIUM	***PARTIZIP PERFEKT***
adquiriendo	adquirido

PRÄSENS
adquiero
adquieres
adquiere
adquirimos
adquirís
adquieren

PERFEKT
he adquirido

PROGRESSIVFORM PRÄSENS
estoy adquiriendo

PROGRESSIVFORM IMPERFEKT
estaba adquiriendo

IMPERFEKT
adquiría

PRETÉRITO
adquirí
adquiriste
adquirió
adquirimos
adquiristeis
adquirieron

N.B. Dieses Verb wird großenteils wie **querer** gebildet und verhält sich in den stammbetonten Verben wie ein Verb, das seinen Stammvokal ändert; bei den anderen Formen bleibt das **-i-** des Infinitivstamms erhalten.

IMPERATIV
(tú) adquiere
(usted) adquiera
(vosotros) adquirid
(ustedes) adquieran

PLUSQUAMPERFEKT
había adquirido

PRETÉRITO ANTERIOR
hube adquirido

FUTUR I
adquiriré

FUTUR II
habré adquirido

KONDITIONAL I
adquiriría

KONDITIONAL II
habría/hubiera adquirido

KONJUNKTIV PRÄSENS
adquiera
adquieras
adquiera
adquiramos
adquiráis
adquieran

KONJUNKTIV PERFEKT
haya adquirido

KONJUNKTIV IMPERFEKT
adquiriera/adquiriese

KONJUNKTIV PLUSQUAMPERFEKT
hubiera/hubiese adquirido

Tengo que *adquirir* un nuevo coche.	Ich muß ein neues Auto *bekommen.*
***Adquirimos* una lavadora muy buena.**	Wir haben eine sehr gute Waschmaschine erworben.

(pg)

GERUNDIUM
andando

PARTIZIP PERFEKT
andado

PRÄSENS
ando
andas
anda
andamos
andáis
andan

PERFEKT
he andado

PROGRESSIVFORM PRÄSENS
estoy andando

PROGRESSIVFORM IMPERFEKT
estaba andando

IMPERFEKT
andaba

PRETÉRITO
anduve
anduviste
anduvo
anduvimos
anduvisteis
anduvieron

N.B. Das **pretérito** und daher der Konjunktiv Imperfekt (nach dem **pretérito grave**) ist bei diesem Verb die einzige Unregelmäßigkeit. In jeder sonstigen Hinsicht verhält sich **andar** wie ein regelmäßiges Verb auf **-ar**.

IMPERATIV

(tú) anda
(usted) ande
(vosotros) andad
(ustedes) anden

PLUSQUAMPERFEKT

había andado

PRETÉRITO ANTERIOR

hube andado

FUTUR I

andaré

FUTUR II

habré andado

KONDITIONAL I

andaría

KONDITIONAL II

habría/hubiera andado

KONJUNKTIV PRÄSENS

ande
andes
ande
andemos
andéis
anden

KONJUNKTIV PERFEKT

haya andado

KONJUNKTIV IMPERFEKT

anduviera/anduviese

KONJUNKTIV PLUSQUAMPERFEKT

hubiera/hubiese andado

¡*Anda*!	Nun *geh* schon!
Dime con quien *andas* y te diré quién eres.	Sage mir, mit wem du *umgehst*, so sage ich dir, wer du bist (Goethe).
Mi coche no *anda*.	Mein Wagen *geht* nicht.
Fuimos *andando* a la sierra.	Wir *gingen* bis zu den Bergen.
¿Qué tal *andas*?	Wie *geht's* dir?

(SÄ + pg)

GERUNDIUM
bendiciendo

PARTIZIP PERFEKT
bendecido

PRÄSENS
bendigo
bendices
bendice
bendecimos
bendecís
bendicen

PERFEKT
he bendecido

PROGRESSIVFORM PRÄSENS
estoy bendiciendo

PROGRESSIVFORM IMPERFEKT
estaba bendiciendo

IMPERFEKT
bendecía
bendecías
bendecía
bendecíamos
bendecíais
bendecían

PRETÉRITO
bendije
bendijiste
bendijo
bendijimos
bendijisteis
bendijeron

PLUSQUAMPERFEKT
había bendecido

PRETÉRITO ANTERIOR
hube bendecido

Ähnliches Verb

maldecir fluchen

N.B. Die wichtigsten Unregelmäßigkeiten sind:
- Die 1. Person Singular des Indikativs Präsens und daher alle Formen des Konjuktivs Präsens haben **-g-** anstelle des **-c-**.
- Der Indikativ Präsens verhält sich wie ein Verb der Gruppe 3, das den Stammvokal ändert.
- Das **pretérito grave** und daher der Konjunktiv Imperfekt haben **-j-** anstelle des **-c-**.

In jeder sonstigen Hinsicht verhält sich **bendecir** wie ein regelmäßiges Verb auf **-ir**. Es folgt weitgehend seinem »Mutterverb«, **decir**, doch mit folgenden Ausnahmen:
- Das Partizip Perfekt ist im Gegensatz zu **decir** (**dicho**)regelmäßig.
- Der Imperativ Singular der **du**-Form ist **bendice** (anders als **di**).
- Der Stamm des Futurs und Konditionals ist regelmäßig.

IMPERATIV

(tú) bendice
(usted) bendiga
(vosotros) bendecid
(ustedes) bendigan

FUTUR I

bendeciré
bendecirás
bendecirá
bendeciremos
bendeciréis
bendecirán

FUTUR II

habré bendecido

KONDITIONAL I

bendeciría

KONDITIONAL II

habría/hubiera bendecido

KONJUNKTIV PRÄSENS

bendiga
bendigas
bendiga
bendigamos
bendigáis
bendigan

KONJUNKTIV PERFEKT

haya bendecido

KONJUNKTIV IMPERFEKT

bendijera/bendijese

KONJUNKTIV PLUSQUAMPERFEKT

hubiera/hubiese bendecido

¡*Bendígame* Padre, pues he pecado!	*Segnen Sie* mich, Vater, denn ich habe gesündigt!
¡Dios te *bendiga*!	Gott *segne* dich!

(pg)

GERUNDIUM	***PARTIZIP PERFEKT***
cabiendo	cabido

PRÄSENS
quepo
cabes
cabe
cabemos
cabéis
caben

PERFEKT
he cabido

PROGRESSIVFORM PRÄSENS
estoy cabiendo

PROGRESSIVFORM IMPERFEKT
estaba cabiendo

IMPERFEKT
cabía

PRETÉRITO
cupe
cupiste
cupo
cupimos
cupisteis
cupieron

N.B. Die wichtigsten Unregelmäßigkeiten sind:

- Die 1. Person Singular des Indikativs und daher der ganze Konjunktiv Präsens.
- Das **pretérito grave** und daher der Konjunktiv Imperfekt.
- Der Stamm des Futurs.

IMPERATIV

(tú) cabe
(usted) quepa
(vosotros) cabed
(ustedes) quepan

PLUSQUAMPERFEKT

había cabido

PRETÉRITO ANTERIOR

hube cabido

FUTUR I

cabré

FUTUR II

habré cabido

KONDITIONAL I

cabría

KONDITIONAL II

habría/hubiera cabido

KONJUNKTIV PRÄSENS

quepa
quepas
quepa
quepamos
quepáis
quepan

KONJUNKTIV PERFEKT

haya cabido

KONJUNKTIV IMPERFEKT

cupiera/cupiese

KONJUNKTIV PLUSQUAMPERFEKT

hubiera/hubiese cabido

¡No *cabe* duda, no *cabemos* todos!	Es *besteht* kein Zweifel, wir *passen* nicht alle hinein!

GERUNDIUM	***PARTIZIP PERFEKT***
cayendo	caído

PRÄSENS
caigo
caes
cae
caemos
caéis
caen

PERFEKT
he caído

PROGRESSIVFORM PRÄSENS
estoy cayendo

PROGRESSIVFORM IMPERFEKT
estaba cayendo

IMPERFEKT
caía

PRETÉRITO
caí
caíste
cayó
caímos
caísteis
cayeron

Ähnliches Verb

decaer verfallen

N.B. Dieses Verb besitzt eine Reihe von Unregelmäßigkeiten:

- Die 1. Person Singular des Indikativs Präsens und damit alle Formen des Konjunktivs Präsens beruhen auf der Stammform **caig-**.
- In der 3. Person Singular und Plural des **pretérito** ist ein **-y-** notwendig.
- Wird das **-i-** betont, ist ein Akzent notwendig.

Die Verben **roer** »nagen« und **corroer** »korrodieren« folgen weitgehend dem gleichen Muster.

IMPERATIV

(tú) cae
(usted) caiga

(vosotros) caed
(ustedes) caigan

PLUSQUAMPERFEKT
había caído

PRETÉRITO ANTERIOR
hube caído

FUTUR I
caeré

FUTUR II
habré caído

KONDITIONAL I
caería

KONDITIONAL II
habría/hubiera caído

KONJUNKTIV PRÄSENS
caiga
caigas
caiga
caigamos
caigáis
caigan

KONJUNKTIV PERFEKT
haya caído

KONJUNKTIV IMPERFEKT
cayera/cayese

KONJUNKTIV PLUSQUAMPERFEKT
hubiera/hubiese caído

¡Ten cuidado, o te *caerás*!	Paß auf, oder du *wirst fallen*!
***Se cayó* en un hoyo enorme.**	Er *fiel* in ein riesiges Loch.
¡Lo dejé *caer*!	Ich ließ es *fallen*.

(pg)

GERUNDIUM	*PARTIZIP PERFEKT*
conduciendo	conducido

PRÄSENS
conduzco
conduces
conduce
conducimos
conducís
conducen

PERFEKT
he conducido

PROGRESSIVFORM PRÄSENS
estoy conduciendo

PROGRESSIVFORM IMPERFEKT
estaba conduciendo

IMPERFEKT
conducía

PRETÉRITO
conduje
condujiste
condujo
condujimos
condujisteis
condujeron

Ähnliche Verben

Alle Verben auf **-ducir**:

aducir	hinzufügen	**producir**	erzeugen
deducir	ab-, herleiten	**reducir**	verringern
inducir	anstiften	**reproducir**	wiedergeben
introducir	einführen	**traducir**	übersetzen

N.B. Die wichtigsten Unregelmäßigkeiten sind:

- Die 1. Person des Indikativs Präsens und daher alle Formen des Konjunktivs Präsens haben **-zc-** statt **-c-**.
- Das **pretérito grave** und daher der Konjunktiv Imperfekt haben **-j-** statt **-c-**.

Alle diese Verben sind Zusammensetzungen eines Stammes **-ducir**.

IMPERATIV

(tú) conduce
(usted) conduzca

(vosotros) conducid
(ustedes) conduzcan

PLUSQUAMPERFEKT

había conducido

PRETÉRITO ANTERIOR

hube conducido

FUTUR I

conduciré

FUTUR II

habré conducido

KONDITIONAL I

conduciría

KONDITIONAL II

habría/hubiera conducido

KONJUNKTIV PRÄSENS

conduzca
conduzcas
conduzca
conduzcamos
conduzcáis
conduzcan

KONJUNKTIV PERFEKT

haya conducido

KONJUNKTIV IMPERFEKT

condujera/condujese

KONJUNKTIV PLUSQUAMPERFEKT

hubiera/hubiese conducido

No sé *conducir*.	Ich kann nicht Auto *fahren*.
El profesor *tradujo* esta carta.	Der Lehrer *übersetzte* diesen Brief.
***Introduzca* una moneda.**	*Werfen Sie* eine Münze *ein*.

GERUNDIUM	***PARTIZIP PERFEKT***
conociendo	conocido

PRÄSENS
conozco
conoces
conoce
conocemos
conocéis
conocen

PERFEKT
he conocido

PROGRESSIVFORM PRÄSENS
estoy conociendo

PROGRESSIVFORM IMPERFEKT
estaba conociendo

IMPERFEKT
conocía

PRETÉRITO
conocí
conociste
conoció
conocimos
conocisteis
conocieron

Ähnliche Verben

abastecer	versorgen	**embellecer**	verschönern
aborrecer	verabscheuen	**encanecer**	ergrauen
acontecer	sich ereignen	**endurecer (se)**	(sich) (ab)härten
agradecer	danken	**enfurecer**	wütend werden
amanecer	tagen, Tag werden	**enloquecer**	verrückt werden
anochecer	Nacht werden	**enriquecer (se)**	reich werden
aparecer	erscheinen	**ensordecer**	taub werden
apetecer	begehren	**entristecer (se)**	traurig werden
carecer	(er)mangeln	**envejecer**	alt werden
compadecer	bemitleiden	**envilecer**	erniedrigen
crecer	wachsen	**esclarecer**	hell werden
desaparecer	verschwinden	**establecer**	feststellen
desconocer	nicht kennen	**estremecerse**	schaudern
desobedecer	nicht gehorchen	**favorecer**	begünstigen

IMPERATIV

(tú) conoce	(vosotros) conoced
(usted) conozca	(ustedes) conozcan

PLUSQUAMPERFEKT
había conocido

PRETÉRITO ANTERIOR
hube conocido

FUTUR I
conoceré

FUTUR II
habré conocido

KONDITIONAL I
conocería

KONDITIONAL II
habría/hubiera conocido

KONJUNKTIV PRÄSENS
conozca
conozcas
conozca
conozcamos
conozcáis
conozcan

KONJUNKTIV PERFEKT
haya conocido

KONJUNKTIV IMPERFEKT
conociera/conociese

KONJUNKTIV PLUSQUAMPERFEKT
hubiera/hubiese conocido

florecer	blühen	**oscurecer**	dunkel werden
fortalecer	stärken	**padecer**	(er)leiden
humedecer	befeuchten	**palidecer**	blaß werden
languidecer	schmachten	**parecer**	scheinen
merecer	verdienen	**pertenecer**	gehören
nacer	geboren werden	**reconocer**	erkennen

N.B. Die einzigen Unregelmäßigkeiten sind die 1. Person Singular des Indikativs Präsens und daher alle Formen des Konjunktivs Präsens.

***Nos conocimos* en Madrid.**	Wir *lernten* uns in Madrid *kennen.*
Los niños *crecen* rápidamente.	Kinder *wachsen* schnell.
El autobús *desapareció* al final de la calle.	Der Bus *verschwand* am Ende der Straße.

GERUNDIUM	*PARTIZIP PERFEKT*
dando	dado

PRÄSENS
doy
das
da
damos
dais
dan

PERFEKT
he dado

PROGRESSIVFORM PRÄSENS
estoy dando

PROGRESSIVFORM IMPERFEKT
estaba dando

IMPERFEKT
daba

PRETÉRITO
di
diste
dio
dimos
disteis
dieron

N.B. Die wichtigsten Unregelmäßigkeiten sind:

- Die 1. Person Singular des Indikativs Präsens endet auf **-oy**.
- Die **dé**-Form braucht einen Akzent, um sie von der Präposition **de** zu unterscheiden.
- Im **pretérito** verhält sich **dar** wie ein Verb auf **-er/-ir** und braucht daher in der Schriftsprache keinen Akzent.
- Der Konjunktiv Imperfekt, beruht auf dem Stamm des **pretérito.**

In jeder sonstigen Hinsicht verhält sich **dar** wie ein regelmäßiges Verb auf **-ar**.

IMPERATIV

(tú) da
(usted) dé
(vosotros) dad
(ustedes) den

PLUSQUAMPERFEKT
había dado

PRETÉRITO ANTERIOR
hube dado

FUTUR I
daré

FUTUR II
habré dado

KONDITIONAL I
daría

KONDITIONAL II
habría/hubiera dado

KONJUNKTIV PRÄSENS
dé
des
dé
demos
deis
den

KONJUNKTIV PERFEKT
haya dado

KONJUNKTIV IMPERFEKT
diera/diese

KONJUNKTIV PLUSQUAMPERFEKT
hubiera/hubiese dado

***Déme* la sal, por favor.**	*Gib* mir bitte das Salz.
Mi padre sólo me *dio* cien pesetas.	Mein Vater *gab* mir nur hundert Peseten.
Por el amor de Dios, ¡*dadme* una limosna!	*Gebt* mir um Gottes willen ein Almosen!

(SÄ + pg)

GERUNDIUM	*PARTIZIP PERFEKT*
diciendo	dicho

PRÄSENS	*PERFEKT*
digo	he dicho
dices	
dice	
decimos	
decís	
dicen	

PROGRESSIVFORM PRÄSENS	*PROGRESSIVFORM IMPERFEKT*
estoy diciendo	estaba diciendo

IMPERFEKT	*PRETÉRITO*
decía	dije
decías	dijiste
decía	dijo
decíamos	dijimos
decíais	dijisteis
decían	dijeron

Ähnliche Verben

contradecir	widersprechen	**predecir**	voraussagen
desdecir(se)	in Widerspruch stehen; zurücknehmen		

N.B. Die wichtigsten Unregelmäßigkeiten sind:

- Die 1. Person Singular des Indikativs Präsens und daher alle Formen des Konjunktivs Präsens haben **-g-** statt **-c-**.
- Der Indikativ Präsens verhält sich wie ein Verb der Gruppe 3, die den Stammvokal ändert.
- Das **pretérito grave** und daher der Konjunktiv Imperfekt haben **-j-** statt **-c-**.
- Das Partizip Perfekt ist ähnlich dem von **hacer** (**hecho**).
- Der Stamm des Futurs und Konditionals ist **dir-**.

In sonstiger Hinsicht verhält sich **decir** wie ein regelmäßiges Verb auf **-ir**.

IMPERATIV

(tú) di	(vosotros) decid
(usted) diga	(ustedes) digan

PLUSQUAMPERFEKT
había dicho

PRETÉRITO ANTERIOR
hube dicho

FUTUR I
diré

FUTUR II
habré dicho

KONDITIONAL I
diría

KONDITIONAL II
habría/hubiera dicho

KONJUNKTIV PRÄSENS
diga
digas
diga
digamos
digáis
digan

KONJUNKTIV PERFEKT
haya dicho

KONJUNKTIV IMPERFEKT
dijera/dijese

KONJUNKTIV PLUSQUAMPERFEKT
hubiera/hubiese dicho

¡*Dicho* y hecho!	*Gesagt*, getan!
¡*Dígame*!	*Hallo (am Telefon)*
¡*Dicen* que está loco!	Sie *sagen*, er ist verrückt!
Me *dicen* que hace frío.	Sie *sagen* (man *sagt* mir), es sei kalt.
***Digan* lo que *digan* ...**	Was auch immer sie *sagen*...
¡Haberlo *dicho*!	Du könntest es mir ja *gesagt haben*!

GERUNDIUM
irguiendo

PARTIZIP PERFEKT
erguido

PRÄSENS
yergo/irgo
yergues/irgues
yergue/irgue
erguimos
erguís
yerguen/irguen

PERFEKT
he erguido

PROGRESSIVFORM PRÄSENS
estoy irguiendo

PROGRESSIVFORM IMPERFEKT
estaba irguiendo

IMPERFEKT
erguía

PRETÉRITO
erguí
erguiste
irguió
erguimos
erguisteis
irguieron

N.B. Dieses Verb hat drei mögliche Stämme, und bei manchen Verbformen existieren zwei Alternativen. Der **ye-** Stamm beruht im Grunde darauf, daß es sich hier um ein Verb handelt, das den Stammvokal ändert; statt mit **ie-** beginnt die stammbetonte Form jedoch mit **ye-**. Achten Sie darauf, daß bei allen Verbformen, wo die Endung mit **-e** beginnt, ein **-u-** notwendig ist. Eine Regelmäßigkeit ist jedoch, daß alle Verbendungen dem Konjugationsmuster eines regelmäßigen Verbs auf **-ir** folgen [➤**vivir** *4*].

IMPERATIV

(tú) yergue/irgue
(usted) yerga/irga
(vosotros) erguid
(ustedes) yergan/irgan

PLUSQUAMPERFEKT
había erguido

PRETÉRITO ANTERIOR
hube erguido

FUTUR I
erguiré

FUTUR II
habré erguido

KONDITIONAL I
erguiría

KONDITIONAL II
habría/hubiera erguido

KONJUNKTIV PRÄSENS
yerga/irga
yergas/irgas
yerga/irga
yergamos/irgamos
yergáis/irgáis
yergan/irgan

KONJUNKTIV PERFEKT
haya erguido

KONJUNKTIV IMPERFEKT
irguiera/irguiese

KONJUNKTIV PLUSQUAMPERFEKT
hubiera/hubiese erguido

¡Ponte *erguido*!	*Stell dich* gerade hin!
El enfermo *se irguió* en la cama.	Der Kranke *richtete sich* im Bett *auf.*
Los caballos *irguieron* las orejas.	Die Pferde *stellten* die Ohren.
La chica *erguía* la cabeza.	Das Mädchen *hielt* den Kopf *hoch.*

(SÄ)

GERUNDIUM errando	***PARTIZIP PERFEKT*** errado

PRÄSENS
yerro
yerras
yerra
erramos
erráis
yerran

PERFEKT
he errado

PROGRESSIVFORM PRÄSENS
estoy errando

PROGRESSIVFORM IMPERFEKT
estaba errando

IMPERFEKT
erraba

PRETÉRITO
erré
erraste
erró
erramos
errasteis
erraron

N.B. Bei diesem Verb handelt es sich im wesentlichen um ein Verb auf **-ar**, das den Stammvokal ändert. Statt mit **ie-** beginnen die stammbetonten Formen jedoch mit **ye-**. Bei Formen, die den Stamm nicht betonen, bleibt das **err-** erhalten. Alle Endungen entsprechen denjenigen eines regelmäßigen Verbs auf **-ar**.

IMPERATIV

(tú) yerra
(usted) yerre
(vosotros) errad
(ustedes) yerren

PLUSQUAMPERFEKT

había errado

PRETÉRITO ANTERIOR

hube errado

FUTUR I

erraré

FUTUR II

habré errado

KONDITIONAL I

erraría

KONDITIONAL II

habría/hubiera errado

KONJUNKTIV PRÄSENS

yerre
yerres
yerre
erremos
erréis
yerren

KONJUNKTIV PERFEKT

haya errado

KONJUNKTIV IMPERFEKT

errara/errase

KONJUNKTIV PLUSQUAMPERFEKT

hubiera/hubiese errado

Erró el camino.	Er verfehlte den Weg.
¡No *yerres* por ahí!	*Irr* dort nicht *herum*!

GERUNDIUM	*PARTIZIP PERFEKT*
escribiendo	escrito

PRÄSENS	***PERFEKT***
escribo	he escrito
escribes	
escribe	
escribimos	
escribís	
escriben	
PROGRESSIVFORM PRÄSENS	***PROGRESSIVFORM IMPERFEKT***
estoy escribiendo	estaba escribiendo
IMPERFEKT	***PRETÉRITO***
escribía	escribí
escribías	escribiste
escribía	escribió
escribíamos	escribimos
escribíais	escribisteis
escribían	escribieron

Ähnliche Verben

describir	beschreiben	**suscribir**	unterschreiben; abonnieren
inscribir	einschreiben		
proscribir	verweisen, verbannen	**transcribir**	um-, überschreiben

N.B. Weitgehend ein regelmäßiges Verb auf **-ir**, doch mit unregelmäßigem Partizip Perfekt.

IMPERATIV

(tú) escribe
(usted) escriba
(vosotros) escribid
(ustedes) escriban

PLUSQUAMPERFEKT

había escrito

PRETÉRITO ANTERIOR

hube escrito

FUTUR I

escribiré

FUTUR II

habré escrito

KONDITIONAL I

escribiría

KONDITIONAL II

habría/hubiera escrito

KONJUNKTIV PRÄSENS

escriba
escribas
escriba
escribamos
escribáis
escriban

KONJUNKTIV PERFEKT

haya escrito

KONJUNKTIV IMPERFEKT

escribiera/escribiese

KONJUNKTIV PLUSQUAMPERFEKT

hubiera/hubiese escrito

¡*Escríbeme* pronto!	*Schreib* mir bald!
¡No *escribas* nada en tu pupitre!	*Schreib* nichts auf dein Pult!
Nuestros amigos nos han *escrito* desde Méjico.	Unsere Freunde *haben* uns aus Mexiko *geschrieben*.
José nos ha *descrito* a la chica.	José *beschrieb* uns das Mädchen.

(pg)

GERUNDIUM
estando

PARTIZIP PERFEKT
estado

PRÄSENS
estoy
estás
está
estamos
estáis
están

PERFEKT
he estado

PROGRESSIVFORM PRÄSENS
estoy estando

PROGRESSIVFORM IMPERFEKT
estaba estando

IMPERFEKT
estaba

PRETÉRITO
estuve
estuviste
estuvo
estuvimos
estuvisteis
estuvieron

N.B. Dieses Verb sieht ganz ähnlich aus wie ein regelmäßiges Verb auf **-ar** und verhält sich in vielen Tempora auch so. Es besitzt jedoch auch nachstehende Unregelmäßigkeiten:

• Alle Formen des Indikativs und Konjunktivs Präsens sowie die Imperfektformen betonen den (ersten) Vokal der Endung, daher brauchen die meisten Formen in der Schriftsprache einen Akzent. Achten Sie auf die 1. Person Singular des Indikativs Präsens: **estoy**.
• Das **pretérito** ist ein typisches **pretérito grave**,und sein Stamm wird auch für den Konjunktiv Imperfekt gebraucht.

Achten Sie auch darauf, daß **estar** anders gebraucht wird als **ser**:
• Bei Bezugnahme auf einen Standort oder den Aufenthalt an einem Ort.
• Bei Bezugnahme auf den Zustand einer Sache oder Person.
• Bei der Beschreibung eines Zustands infolge einer Handlung oder eines Ereignisses.
• Zur Bildung der Progressivform.

[Für eine ausführliche Beschreibung ➤*Basiswissen Spanisch: Grammatik*].

IMPERATIV

(tú) está
(usted) esté
(vosotros) estad
(ustedes) estén

PLUSQUAMPERFEKT
había estado

PRETÉRITO ANTERIOR
hube estado

FUTUR I
estaré

FUTUR II
habré estado

KONDITIONAL I
estaría

KONDITIONAL II
habría/hubiera estado

KONJUNKTIV PRÄSENS
esté
estés
esté
estemos
estéis
estén

KONJUNKTIV PERFEKT
haya estado

KONJUNKTIV IMPERFEKT
estuviera/estuviese

KONJUNKTIV PLUSQUAMPERFEKT
hubiera/hubiese estado

¿Dónde *está* tu madre?	Wo *ist* deine Mutter?
***Estuviste* allí el año pasado.**	Du *warst* letztes Jahr dort.
***Estaban* allí cuando los vi.**	Sie *waren* dort, als ich sie sah.
***Estábamos* viendo la televisión cuando llamaste.**	Wir *waren dabei* fernzusehen, als du anriefst.

GERUNDIUM	*PARTIZIP PERFEKT*
friendo	frito

PRÄSENS
frío
fríes
fríe
freímos
freís
fríen

PERFEKT
he frito

PROGRESSIVFORM PRÄSENS
estoy friendo

PROGRESSIVFORM IMPERFEKT
estaba friendo

IMPERFEKT
freía
freías
freía
freíamos
freíais
freían

PRETÉRITO
freí
freíste
frió
freímos
freísteis
frieron

N.B. Weitgehend ein Verb der Gruppe 3, das den Stammvokal ändert. Es hat jedoch folgende zusätzliche Unregelmäßigkeiten:

- Wenn das **-i-** betont wird, wird ein Akzent gebraucht.
- Das Partizip Perfekt ist **frito**.

IMPERATIV

(tú) fríe
(usted) fría

(vosotros) freíd
(ustedes) frían

PLUSQUAMPERFEKT
había frito

PRETÉRITO ANTERIOR
hube frito

FUTUR I
freiré

FUTUR II
habré frito

KONDITIONAL I
freiría

KONDITIONAL II
habría/hubiera frito

KONJUNKTIV PRÄSENS
fría
frías
fría
friamos
friais
frían

KONJUNKTIV PERFEKT
haya frito

KONJUNKTIV IMPERFEKT
friera/friese

KONJUNKTIV PLUSQUAMPERFEKT
hubiera/hubiese frito

Receta: Pescado *frito* con patatas *fritas*
Lava y pela las patatas, córtalas y *fríelas* en una sárten grande. Lava el pescado y córtalo en filetes; es mejor *freírlo* rebozado o empanado.

Rezept: *Gebratener* Fisch mit Pommes *frites*
Kartoffeln waschen und schälen, dann schneiden und in einer großen Pfanne *braten*. Fisch waschen und filetieren; man *brät* ihn am besten paniert oder in einer Teighülle.

(pg)

GERUNDIUM	***PARTIZIP PERFEKT***
habiendo	habido

PRÄSENS
he
has
ha
hemos
habéis
han
(hay = es gibt)

PERFEKT
he habido

PROGRESSIVFORM PRÄSENS
estoy habiendo

PROGRESSIVFORM IMPERFEKT
estaba habiendo

IMPERFEKT
había

PRETÉRITO
hube
hubiste
hubo
hubimos
hubisteis
hubieron

N.B. In einigen Tempora ist dieses Verb ein regelmäßiges Verb auf **-er**. Es besitzt jedoch auch folgende Unregelmäßigkeiten:

- Im Präsens wird die Form **hay** gebraucht, um »es gibt« auszudrükken. In anderen Tempora wird die normale 3. Person Singular zum Ausdruck von »es gab«, usw. gebraucht.
- Der Stamm des **pretérito grave** ist **hub-**. Man gebraucht ihn auch zur Bildung des Konjunktiv Imperfekt.
- Der Stamm der Zukunft ist unregelmäßig: **habr-**.
- Der Konjunktiv Präsens ist sehr unregelmäßig und hat den Stamm **hay-**.
- **Haber** ist ein sehr wichtiges Verb, denn es ist das einzige Hilfsverb, das die spanische Sprache zur Bildung folgender Tempora verwendet: Perfekt, Plusquamperfekt, **pretérito anterior**, Futur II, Konditional II, Perfekt und Plusquamperfekt des Konjunktivs.

IMPERATIV
Wird nicht benutzt.

PLUSQUAMPERFEKT
había habido

PRETÉRITO ANTERIOR
hube habido

FUTUR I
habré

FUTUR II
habré habido

KONDITIONAL I
habría

KONDITIONAL II
habría/hubiera habido

KONJUNKTIV PRÄSENS
haya
hayas
haya
hayamos
hayáis
hayan

KONJUNKTIV PERFEKT
haya habido

KONJUNKTIV IMPERFEKT
hubiera/hubiese

KONJUNKTIV PLUSQUAMPERFEKT
hubiera/hubiese habido

De postre, *hay* fruta del tiempo.	Zum Nachtisch *gibt es* frisches Obst.
¡Vamos, de prisa, *ha habido* un accidente!	Gehen wir schnell, es *ist* ein Unfall *geschehen*.
***Han* llegado mis amigos.**	Meine Freunde *sind* angekommen.
***Habíamos* pagado mil pesetas.**	Wir *hatten* tausend Peseten bezahlt.

(pg)

GERUNDIUM	*PARTIZIP PERFEKT*
haciendo	hecho

PRÄSENS
hago
haces
hace
hacemos
hacéis
hacen

PERFEKT
he hecho

PROGRESSIVFORM PRÄSENS
estoy haciendo

PROGRESSIVFORM IMPERFEKT
estaba haciendo

IMPERFEKT
hacía

PRETÉRITO
hice
hiciste
hizo
hicimos
hicisteis
hicieron

Ähnliche Verben

contrahacer	nachmachen; fälschen	**rehacer**	umarbeiten, wiederherstellen
deshacer	zerlegen; auseinandernehmen	**satisfacer**	zufriedenstellen

N.B. In einigen Tempora verhält sich dieses Verb wie ein regelmäßiges auf **-er**. Es besitzt jedoch auch folgende Unregelmäßigkeiten:

- Der Stamm des **pretérito grave** ist **hic-**. (Achten Sie jedoch auf **hizo**: das **-c-** verändert sich zum **-z-**, um die Aussprache vor dem **-o-** beizubehalten). Dieser Stamm **hic-** wird auch beim Konjunktiv Imperfekt gebraucht.
- Der Stamm in der Zukunft ist unregelmäßig: **har-**.
- Die 1. Person Singular des Indikativs Präsens hat den Stamm **hag-**, der daher auch für alle Formen des Konjunktivs Präsens gebraucht wird.
- Das Partizip Perfekt ist unregelmäßig (**hecho**) und ist dem von **decir** (**dicho**) ähnlich.

IMPERATIV

(tú) haz	(vosotros) haced
(usted) haga	(ustedes) hagan

PLUSQUAMPERFEKT
había hecho

PRETÉRITO ANTERIOR
hube hecho

FUTUR I
haré

FUTUR II
habré hecho

KONDITIONAL I
haría

KONDITIONAL II
habría/hubiera hecho

KONJUNKTIV PRÄSENS
haga
hagas
haga
hagamos
hagáis
hagan

KONJUNKTIV PERFEKT
haya hecho

KONJUNKTIV IMPERFEKT
hiciera/hiciese

KONJUNKTIV PLUSQUAMPERFEKT
hubiera/hubiese hecho

¡Dicho y *hecho*! ¿Estás *satisfecho*?	Gesagt, *getan*! Bist du *zufrieden*?
¿Qué *hacías* cuando te vi anoche?	Was *machtest* du gerade, als ich dich gestern abend sah?
¡Vete a *hacer* tus deberes!	Geh und *mach* deine Hausaufgaben!
***Hazme* un gran favor – ¡cállate!**	*Tu* mir einen großen Gefallen – halt die Klappe!
José-María *hizo* reparar el coche.	José-Maria *ließ* das Auto reparieren.

GERUNDIUM
yendo

PARTIZIP PERFEKT
ido

PRÄSENS
voy
vas
va
vamos
vais
van

PERFEKT
he ido

PROGRESSIVFORM PRÄSENS
estoy yendo

PROGRESSIVFORM IMPERFEKT
estaba yendo

IMPERFEKT
iba
ibas
iba
íbamos
ibais
iban

PRETÉRITO
fui
fuiste
fue
fuimos
fuisteis
fueron

N.B. Ein sehr unregelmäßiges Verb, auch wenn das Muster der Verb-Endungen oft demjenigen regelmäßiger Verben sehr ähnlich oder sogar gleich ist. Es ist ein wichtiger erster Schritt zur Beherrschung dieses Verbs, wenn man die verschiedenen Stammformen erkennen und korrekt verwenden kann. Die Formen der Zukunft und des Konditionals sowie das Partizip Perfekt sind regelmäßig. Sonstige wichtige Charakteristika:

• Der Stamm **v-** des Indikativs Präsens hat Endungen der Verben auf **-ar**. Achten Sie auf die 1. Person Singular: **voy**.
• Der Stamm des Konjunktivs Präsens ist **vay-**.
• Das Imperfekt ist unregelmäßig, doch ähnlich wie das Konjugationsmuster der Verben auf **-ar**.
• Das **pretérito** und der Konjunktiv Imperfekt basieren auf dem Stamm **fu-**. Diese beiden Formen gibt es auch für **ser**.

Achten Sie darauf, daß dieses Verb zur Bildung der unmittelbaren Zukunft verwendet wird, z.B. **Mañana vamos a ir de compras** »Morgen gehen wir einkaufen«.

IMPERATIV

(tú) ve	(vosotros) id
(usted) vaya	(ustedes) vayan

PLUSQUAMPERFEKT
había ido

PRETÉRITO ANTERIOR
hube ido

FUTUR I
iré

FUTUR II
habré ido

KONDITIONAL I
iría

KONDITIONAL II
habría/hubiera ido

KONJUNKTIV PRÄSENS
vaya
vayas
vaya
vayamos
vayáis
vayan

KONJUNKTIV PERFEKT
haya ido

KONJUNKTIV IMPERFEKT
fuera/fuese

KONJUNKTIV PLUSQUAMPERFEKT
hubiera/hubiese ido

¡*Vamos* de vacaciones!
Niños, mañana *vamos* de vacaciones. La semana pasada, papá *fue* a comprar los billetes. Ahora mismo *voy* a hacer las maletas, y pronto papá *va* a llegar a casa. Vuestra tía y vuestros primos ya han *ido* a la playa en coche, de manera que *iremos* en tren con vuestro tío. Y ahora, chicos, *id* a bañaros, y María, *vete* a la cama ya, pues ¡*vamos* a tener que levantarnos temprano!!

Wir *fahren* in die Ferien!
Kinder, morgen *fahren* wir in die Ferien. Letzte Woche *ging* Vati die Karten kaufen. Ich *werde gleich* die Koffer packen, und Vati *wird* bald zu Hause sein. Eure Tante und Vettern und Kusinen sind schon mit dem Auto zum Strand *gefahren*, und wir werden mit eurem Onkel zusammen mit dem Zug *fahren*. Nun, Jungs, *geht* und badet! Maria, du *gehst* jetzt ins Bett; wir *müssen* morgen früh aufstehen!

GERUNDIUM
luciendo

PARTIZIP PERFEKT
lucido

PRÄSENS
luzco
luces
luce
lucimos
lucís
lucen

PERFEKT
he lucido

PROGRESSIVFORM PRÄSENS
estoy luciendo

PROGRESSIVFORM IMPERFEKT
estaba luciendo

IMPERFEKT
lucía

PRETÉRITO
lucí
lucisteis
lució
lucimos
lucisteis
lucieron

Ähnliches Verb

relucir leuchten, glänzen

N.B. Dieses Verb und die zusammengesetzte Form **relucir** verhalten sich sehr ähnlich wie **conducir** und dessen Verbfamilie. Die 1. Person Singular des Indikativs Präsens und alle Formen des Konjunktivs Präsens haben daher den Stamm **luzc-**. Es hat jedoch kein **pretérito grave**.

IMPERATIV

(tú) luce
(usted) luzca

(vosotros) lucid
(ustedes) luzcan

PLUSQUAMPERFEKT

había lucido

PRETÉRITO ANTERIOR

hube lucido

FUTUR I

luciré

FUTUR II

habré lucido

KONDITIONAL I

luciría

KONDITIONAL II

habría/hubiera lucido

KONJUNKTIV PRÄSENS

luzca
luzcas
luzca
luczamos
luzcáis
luzcan

KONJUNKTIV PERFEKT

haya lucido

KONJUNKTIV IMPERFEKT

luciera/luciese

KONJUNKTIV PLUSQUAMPERFEKT

hubiera/hubiese lucido

Miles de estrellas *lucen* en el cielo de Villalba.	Am Himmel über Villalba *leuchten* tausende von Sternen.
Mi amiga *lució* su vestido nuevo.	Meine Freundin *glänzte* mit ihrem neuen Kleid.

GERUNDIUM oyendo	***PARTIZIP PERFEKT*** oído

PRÄSENS
oigo
oyes
oye
oímos
oís
oyen

PERFEKT
he oído

PROGRESSIVFORM PRÄSENS
estoy oyendo

PROGRESSIVFORM IMPERFEKT
estaba oyendo

IMPERFEKT
oía

PRETÉRITO
oí
oíste
oyó
oímos
oísteis
oyeron

Ähnliches Verb

desoír absichtlich überhören

N.B. Unregelmäßigkeiten:

- Das **-i-** des Stammes erhält einen Akzent, wenn es betont wird (in **oiga**, im Konjunktiv Präsens, im Futur oder Konditional betont man es nicht).
- Verformen, deren Endung mit **-e-** oder **-o-** beginnt, gebrauchen ein **-y-**. Dadurch wird vermieden, daß drei Vokale nebeneinanderstehen.
- Die 1. Person Singular des Indikativs Präsens hat ein **-g-**. Dies wird dann auch von allen Formen des Konjunktivs Präsens übernommen.

IMPERATIV

(tú) oye	(vosotros) oíd
(usted) oiga	(ustedes) oigan

PLUSQUAMPERFEKT
había oído

PRETÉRITO ANTERIOR
hube oído

FUTUR I
oiré

FUTUR II
habré oído

KONDITIONAL I
oiría

KONDITIONAL II
habría/hubiera oído

KONJUNKTIV PRÄSENS
oiga
oigas
oiga
oigamos
oigáis
oigan

KONJUNKTIV PERFEKT
haya oído

KONJUNKTIV IMPERFEKT
oyera/oyese

KONJUNKTIV PLUSQUAMPERFEKT
hubiera/hubiese oído

¡Habla más fuerte, no te *oigo*!	Sprich lauter, ich kann dich nicht *hören*!
***Oiga* usted: ¡no debe hacer eso!**	*Hören Sie*, das dürfen Sie nicht!
¡*Oiga*! ... ¡*Óigame*! ¿Me *oye* o no?	*Hallo*, *hallo*! Können Sie mich *hören* oder nicht? (am Telefon)
Llamé a mi hija, pero no me *oyó*.	Ich rief meine Tochter, doch sie *hörte* mich nicht.
¿No me escuchas, o es que no me *oyes*, o qué?	Hörst du mir nicht zu, oder kannst du mich nicht *hören*, oder was ist?

GERUNDIUM	*PARTIZIP PERFEKT*
oliendo	olido

PRÄSENS
huelo
hueles
huele
olemos
oléis
huelen

PERFEKT
he olido

PROGRESSIVFORM PRÄSENS
estoy oliendo

PROGRESSIVFORM IMPERFEKT
estaba oliendo

IMPERFEKT
olía
olías
olía
olíamos
olíais
olían

PRETÉRITO
olí
oliste
olió
olimos
olisteis
olieron

N.B. **Oler** ist ein vorhersagbares Verb der Gruppe 1, das den Stammvokal ändert. Es hat aber eine ganz besondere Eigentümlichkeit: In den stammbetonten Formen verändert sich **-o-** in **-ue-**, doch **-ue-**geht immer ein **h-** voraus. Daher beginnen stammbetonte Formen mit **hue-**. In jeder sonstigen Hinsicht ist es ein normales Verb, das den Stammvokal ändert.

IMPERATIV	
(tú) huele	(vosotros) oled
(usted) huela	(ustedes) huelan

PLUSQUAMPERFEKT
había olido

PRETÉRITO ANTERIOR
hube olido

FUTUR I
oleré

FUTUR II
habré olido

KONDITIONAL I
olería

KONDITIONAL II
habría/hubiera olido

KONJUNKTIV PRÄSENS
huela
huelas
huela
olamos
oláis
huelan

KONJUNKTIV PERFEKT
haya olido

KONJUNKTIV IMPERFEKT
oliera/oliese

KONJUNKTIV PLUSQUAMPERFEKT
hubiera/hubiese olido

Este pastel *huele* a quemado.	Dieser Kuchen *riecht* verbrannt.
¡Qué bien *huelen* estas manzanas!	Wie gut *riechen* diese Äpfel!
La habitación *olía* a jazmín.	Der Raum *roch* nach Jasmin.
De repente los perros *olieron* el zorro.	Plötzlich *rochen* die Hunde den Fuchs.
Muchachos, ¡*oled* esto! Parece estar podrido.	Jungs, *riecht* das mal! Es scheint verdorben zu sein.

(pg)

GERUNDIUM
pudiendo

PARTIZIP PERFEKT
podido

PRÄSENS
puedo
puedes
puede
podemos
podéis
pueden

PERFEKT
he podido

PROGRESSIVFORM PRÄSENS
estoy pudiendo

PROGRESSIVFORM IMPERFEKT
estaba pudiendo

IMPERFEKT
podía

PRETÉRITO
pude
pudiste
pudo
pudimos
pudisteis
pudieron

N.B. Dieses Verb besitzt folgende Unregelmäßigkeiten:

- Im Indikativ und Konjunktiv Präsens verändert sich der Stamm wie bei einem Verb der Gruppe 1, das den Stammvokal ändert, von **o → ue**.
- Es besitzt ein **pretérito grave** mit dem Stamm **pud-**, der auch in den Konjunktiv Imperfekt übernommen wird.
- Das Gerundium von **poder** ist **pudiendo**.
- Der Stamm des Futurs und Konditionals verliert das **-e-** des Infinitivs und wird zu **podr-**.

IMPERATIV
not used

PLUSQUAMPERFEKT había podido	***PRETÉRITO ANTERIOR*** hube podido
FUTUR I podré	***FUTUR II*** habré podido
KONDITIONAL I podría	***KONDITIONAL II*** habría/hubiera podido
KONJUNKTIV PRÄSENS pueda puedas pueda podamos podáis puedan	***KONJUNKTIV PERFEKT*** haya podido
KONJUNKTIV IMPERFEKT pudiera/pudiese	***KONJUNKTIV PLUSQUAMPERFEKT*** hubiera/hubiese podido

¿Se *puede* telefonear desde aquí?	*Kann* man von hier aus telefonieren?
Huy, gracias, ¡pero no *puedo* más! Ya estoy harto.	Vielen Dank, aber ich *kann* nicht mehr. Ich bin bereits satt.
Los alpinistas *no pudieron* llegar hasta la cima a causa de la nieve.	Die Alpinisten konnten den Gipfel aufgrund des Schnees nicht erreichen.
¡*No podría* sobrevivir sin ti!	Ohne dich *könnte* ich nicht überleben!
Mañana *podréis* ver el mar por primera vez.	Morgen *könnt* ihr zum ersten Mal das Meer sehen.

(pg)

GERUNDIUM	**PARTIZIP PERFEKT**
poniendo	puesto

PRÄSENS
pongo
pones
pone
ponemos
ponéis
ponen

PERFEKT
he puesto

PROGRESSIVFORM PRÄSENS
estoy poniendo

PROGRESSIVFORM IMPERFEKT
estaba poniendo

IMPERFEKT
ponía

PRETÉRITO
puse
pusiste
puso
pusimos
pusisteis
pusieron

Ähnliche Verben

componer	anordnen, richten	**posponer**	hintansetzen, verschieben
descomponer	zerlegen		
disponer	ordnen, verfügen	**proponer**	vorschlagen
imponer	auferlegen, zumuten	**reponerse**	sich erholen
indisponer	unfähig machen; krank machen	**suponer**	vermuten
		transponer	verlegen
oponer	einwenden, Widerstand leisten		

N.B. Dieses stark unregelmäßige Verb hat folgende Charakteristika:

- Die 1. Person Singular des Indikativs Präsens und daher sämtliche Formen des Konjunktivs Präsens haben den Stamm **pong-**.
- Es besitzt ein **pretérito grave** mit dem Stamm **pus-**, der auch für den Konjunktiv Imperfekt gebraucht wird.
- Das Partizip Perfekt ist unregelmäßig, **puesto**.
- Der Imperativ für du/ihr ist **pon/poned**.
- Der Stamm für Zukunft und Konditional ist **pondr-**.

IMPERATIV

(tú) pon
(usted) ponga
(vosotros) poned
(ustedes) pongan

PLUSQUAMPERFEKT
había puesto

PRETÉRITO ANTERIOR
hube puesto

FUTUR I
pondré

FUTUR II
habré puesto

KONDITIONAL I
pondría

KONDITIONAL II
habría/hubiera puesto

KONJUNKTIV PRÄSENS
ponga
pongas
ponga
pongamos
pongáis
pongan

KONJUNKTIV PERFEKT
haya puesto

KONJUNKTIV IMPERFEKT
pusiera/pusiese

KONJUNKTIV PLUSQUAMPERFEKT
hubiera/hubiese puesto

Nos mudamos de casa
Querida, vamos a *poner* las plantas en tu coche, ¿no? Ya he *puesto* las maletas en el mío ... Sí, señor, *ponga* la mesa en el camión. Al llegar, *pondremos* todas las sillas en el comedor, ¿vale? ¿Dónde están las llaves de la casa? Creo que las *puse* en el coche. Miguel, *ponte* el abrigo ... hace frío.

Wir ziehen um
Schatz, wir werden die Pflanzen in dein Auto *stellen*, nicht wahr? Ich habe die Koffer bereits in mein Auto *gestellt*. Ja, *stellen Sie* den Tisch in den Möbelwagen. Wenn wir ankommen, werden wir alle Stühle ins Eßzimmer *stellen*, in Ordnung? Wo sind die Hauschlüssel? Ich meine, ich *hätte* sie ins Auto *gelegt*. Miguel, *zieh* den Mantel *an* ... es ist kalt.

(pg)

GERUNDIUM	*PARTIZIP PERFEKT*
queriendo	querido

PRÄSENS
quiero
quieres
quiere
queremos
queréis
quieren

PERFEKT
he querido

PROGRESSIVFORM PRÄSENS
estoy queriendo

PROGRESSIVFORM IMPERFEKT
estaba queriendo

IMPERFEKT
quería

PRETÉRITO
quise
quisiste
quiso
quisimos
quisisteis
quisieron

N.B. Dieses Verb hat folgende Unregelmäßigkeiten:

- Es handelt sich im Grunde genommen um ein Verb, bei dem sich der Stammvokal von **-e-** in **-ie** verwandelt, wenn er betont wird.
- **Querer** besitzt ein **pretérito grave** mit dem Stamm **quis-**, der auch im Konjunktiv Imperfekt gebraucht wird.
- Der Stamm des Futurs und Konditionals ist **querr-**.

IMPERATIV

(tú) quiere
(usted) quiera

(vosotros) quered
(ustedes) quieran

PLUSQUAMPERFEKT

había querido

PRETÉRITO ANTERIOR

hube querido

FUTUR I

querré

FUTUR II

habré querido

KONDITIONAL I

querría

KONDITIONAL II

habría/hubiera querido

KONJUNKTIV PRÄSENS

quiera
quieras
quiera
queramos
queráis
quieran

KONJUNKTIV PERFEKT

haya querido

KONJUNKTIV IMPERFEKT

quisiera/quisiese

KONJUNKTIV PLUSQUAMPERFEKT

hubiera/hubiese querido

Lo hice sin *querer*.	Ich tat das, ohne es zu *wollen*.
Te *quiero* más de lo que tú me *quieres* a mí.	Ich *liebe* dich mehr als du mich *liebst*.
¡*Queremos* pan!	Wir *möchten* Brot!
Tienes que hacerlo, *quieras* o no.	Du mußt das machen, ob du *willst* oder nicht.
Al saber que hacía mal tiempo, no *quisieron* salir de casa.	Als sie feststellten, daß das Wetter schlecht war, *wollten* sie nicht aus dem Haus gehen.
***Quisiéramos* ver Granada en primavera.**	Wir *möchten* Granada im Frühling erleben.

GERUNDIUM	PARTIZIP PERFEKT
riendo	reído

PRÄSENS
río
ríes
ríe
reímos
reís
ríen

PERFEKT
he reído

PROGRESSIVFORM PRÄSENS
estoy riendo

PROGRESSIVFORM IMPERFEKT
estaba riendo

IMPERFEKT
reía

PRETÉRITO
reí
reíste
rió
reímos
reísteis
rieron

Ähnliches Verb

sonreír lächeln

N.B. Dieses Verb ist eigentlich ein Verb der Gruppe 3, wie **pedir**, und ändert den Stammvokal. Doch Formen mit stammbetontem **-i-** brauchen einen Akzent.

IMPERATIV

(tú) ríe	(vosotros) reíd
(usted) ría	(ustedes) rían

PLUSQUAMPERFEKT
había reído

PRETÉRITO ANTERIOR
hube reído

FUTUR I
reiré

FUTUR II
habré reído

KONDITIONAL I
reiría

KONDITIONAL II
habría/hubiera reído

KONJUNKTIV PRÄSENS
ría
rías
ría
riamos
riáis
rían

KONJUNKTIV PERFEKT
haya reído

KONJUNKTIV IMPERFEKT
riera/riese

KONJUNKTIV PLUSQUAMPERFEKT
hubiera/hubiese reído

¡Ese muchacho me hace *reír*!	Dieser Junge bringt mich zum *Lachen*.
¡No te *rías* de mí!	*Lach* mich nicht *aus*!
¡No me hagas *reír*!	Mach dich nicht lächerlich!
***Ríete*, niño, no llores más ...**	*Lach*, Kind, weine nicht mehr ...
La joven me *sonrió* antes de salir.	Das junge Mädchen *lächelte* mich an, ehe es hinausging.
No os *riáis* de él/No se *rían* de él.	*Lacht* ihn nicht aus! *Lachen Sie* ihn nicht aus!
Se fue, *riendo* a más no poder.	Er ging, und konnte fast nicht mehr vor Lachen.
***Rió* el último.**	Er war der, der zuletzt *lachte*.
***Reían* como locos.**	Sie *lachten* wie verrückt.

GERUNDIUM	***PARTIZIP PERFEKT***
rompiendo	roto

PRÄSENS
rompo
rompes
rompe
rompemos
rompéis
rompen

PERFEKT
he roto

PROGRESSIVFORM PRÄSENS
estoy rompiendo

PROGRESSIVFORM IMPERFEKT
estaba rompiendo

IMPERFEKT
rompía

PRETÉRITO
rompí
rompiste
rompió
rompimos
rompisteis
rompieron

N.B. Das einzig Unregelmäßige an diesem Verb ist sein Partizip Perfekt: **roto**.

IMPERATIV

(tú) rompe
(usted) rompa
(vosotros) romped
(ustedes) rompan

PLUSQUAMPERFEKT

había roto

PRETÉRITO ANTERIOR

hube roto

FUTUR I

romperé

FUTUR II

habré roto

KONDITIONAL I

rompería

KONDITIONAL II

habría/hubiera roto

KONJUNKTIV PRÄSENS

rompa
rompas
rompa
rompamos
rompáis
rompan

KONJUNKTIV PERFEKT

haya roto

KONJUNKTIV IMPERFEKT

rompiera/rompiese

KONJUNKTIV PLUSQUAMPERFEKT

hubiera/hubiese roto

Esta mujer se *rompió* la pierna en el accidente.	Diese Frau *brach* sich bei dem Unfall das Bein.
¡No me *rompas* el boli!	*Mach* meinen Kugelschreiber nicht *kaputt*!
Todas las ventanas estaban *rotas*.	Alle Fenster waren *kaputt*.
Se *rompieron* las botellas.	Die Flaschen *gingen kaputt*.

(pg)

GERUNDIUM
sabiendo

PARTIZIP PERFEKT
sabido

PRÄSENS
sé
sabes
sabe
sabemos
sabéis
saben

PERFEKT
he sabido

PROGRESSIVFORM PRÄSENS
estoy sabiendo

PROGRESSIVFORM IMPERFEKT
estaba sabiendo

IMPERFEKT
sabía

PRETÉRITO
supe
supiste
supo
supimos
supisteis
supieron

N.B. Dieses Verb besitzt vier Unregelmäßigkeiten:

- Die 1. Person Singular des Indikativs Präsens ist **sé**.
- Alle Formen des Konjunktivs Präsens haben den Stamm **sep-**.
- Das **pretérito grave** verwendet den Stamm **sup-**, der auch für den Konjuktiv Imperfekt gebraucht wird.
- . Der Stamm für Zukunft und Konditional ist **sabr-**.

Dieses Verb wird auch für *können, fähig sein, etwas zu tun* gebraucht, wenn der Gedanke »wissen, wie man etwas tut« zum Ausdruck gebracht werden soll.

IMPERATIV

(tú) sabe	(vosotros) sabed
(usted) sepa	(ustedes) sepan

PLUSQUAMPERFEKT
había sabido

PRETÉRITO ANTERIOR
hube sabido

FUTUR I
sabré

FUTUR II
habré sabido

KONDITIONAL I
sabría

KONDITIONAL II
habría/hubiera sabido

KONJUNKTIV PRÄSENS
sepa
sepas
sepa
sepamos
sepáis
sepan

KONJUNKTIV PERFEKT
haya sabido

KONJUNKTIV IMPERFEKT
supiera/supiese

KONJUNKTIV PLUSQUAMPERFEKT
hubiera/hubiese sabido

Pero, ¡no *sabes* nada!	Aber du *weißt* ja überhaupt nichts!
Que yo *sepa*, tendría unos diez años.	So weit ich *weiß*, war er wohl etwa zehn Jahre alt.
***Sabéis* esquiar, ¿verdad?**	*Ihr könnt* skilaufen, nicht wahr?
Al llegar a casa, *supe* que había muerto mi tía.	Als ich nach Hause kam, *erfuhr* ich, daß meine Tante gestorben war.
Sí, sí, ya lo *sé*.	Ja, ja, ich *weiß* schon.

GERUNDIUM	*PARTIZIP PERFEKT*
saliendo	salido

PRÄSENS
salgo
sales
sale
salimos
salís
salen

PERFEKT
he salido

PROGRESSIVFORM PRÄSENS
estoy saliendo

PROGRESSIVFORM IMPERFEKT
estaba saliendo

IMPERFEKT
salía

PRETÉRITO
salí
saliste
salió
salimos
salisteis
salieron

N.B. Dieses Verb besitzt drei Unregelmäßigkeiten:

- Die 1. Person Singular des Indikativs Präsens und damit der gesamte Konjunktiv Präsens haben den Stamm **salg-**.
- Der Imperativ der du-Form ist **sal**.
- Im Futur und Konditional wird der unregelmäßige Stamm **saldr-** gebraucht.

IMPERATIV

(tú) sal
(usted) salga
(vosotros) salid
(ustedes) salgan

PLUSQUAMPERFEKT

había salido

PRETÉRITO ANTERIOR

hube salido

FUTUR I

saldré

FUTUR II

habré salido

KONDITIONAL I

saldría

KONDITIONAL II

habría/hubiera salido

KONJUNKTIV PRÄSENS

salga
salgas
salga
salgamos
salgáis
salgan

KONJUNKTIV PERFEKT

haya salido

KONJUNKTIV IMPERFEKT

saliera/saliese

KONJUNKTIV PLUSQUAMPERFEKT

hubiera/hubiese salido

¡*Sal* de ahí, idiota!	*Geh* dort *raus*, du Idiot!
No *salgo* mucho, pues no tengo tiempo, pero *saldremos* mañana si quieres.	Ich *gehe* nicht viel *aus*, denn ich habe keine Zeit. Aber wenn du willst, *gehen* wir morgen *aus*.
***Salgan* con cuidado, por favor.**	*Gehen Sie* bitte vorsichtig *hinaus*.
Oye, ¿quieres *salir* conmigo?	Hör mal, möchtest du mit mir *ausgehen*?

GERUNDIUM	*PARTIZIP PERFEKT*
siendo	sido

PRÄSENS	*PERFEKT*
soy	he sido
eres	
es	
somos	
sois	
son	

PROGRESSIVFORM PRÄSENS	*PROGRESSIVFORM IMPERFEKT*
estoy siendo	estaba siendo

IMPERFEKT	*PRETÉRITO*
era	fui
eras	fuiste
era	fue
éramos	fuimos
erais	fuisteis
eran	fueron

N.B. Prägen Sie sich dieses sehr unregelmäßige Verb gut ein, und merken Sie sich folgende Unregelmäßigkeiten:

- Die 1. Person Singular des Indikativs Präsens ist **soy**, die restlichen Formen dieses Tempus und auch die Imperativformen sind stark unregelmäßig.
- Der Konjunktiv Präsens benutzt die Form **sea**.
- . Das **pretérito** ist sehr unregelmäßig. Sein Stamm wird für den Konjunktiv Imperfekt gebraucht (bei beiden gebraucht **ser** die gleichen Formen wie **ir**).
- . Das Imperfekt gebraucht die Form **era**.
- Verschiedene andere Formen scheinen regelmäßig – Gerundium, Partizip Perfekt, Zukunft und Konditional.

Merken Sie sich, daß **ser** auch zusammen mit dem Partizip Perfekt des Hauptverbs zur Bildung des Passivs gebraucht wird [➤*Das spanische Verbsystem*].

IMPERATIV

(tú) sé	(vosotros) sed
(usted) sea	(ustedes) sean

PLUSQUAMPERFEKT
había sido

PRETÉRITO ANTERIOR
hube sido

FUTUR I
seré

FUTUR II
habré sido

KONDITIONAL I
sería

KONDITIONAL II
habría/hubiera sido

KONJUNKTIV PRÄSENS
sea
seas
sea
seamos
seáis
sean

KONJUNKTIV PERFEKT
haya sido

KONJUNKTIV IMPERFEKT
fuera/fuese

KONJUNKTIV PLUSQUAMPERFEKT
hubiera/hubiese sido

¡*Sé* bueno, o me enfadaré contigo!	*Sei* brav, oder ich werde böse (mit dir)!
***Somos* amigos desde hace años.**	Wir *sind* (schon) seit Jahren Freunde.
***Eran* las dos de la tarde.**	Es *war* zwei Uhr nachmittags.
***Soy* soltero, ¡ojalá que no lo *sea* siempre!**	Ich *bin* Junggeselle, hoffentlich werde ich es nicht immer *sein*!
***Fueron* cinco niños los que sufrieron.**	Es *waren* fünf Kinder, die leiden mußten.
Había *sido* profesor, pero ya no lo *era*.	Er *war* Lehrer *gewesen*, dann war er es nicht mehr.

(pg)

GERUNDIUM	*PARTIZIP PERFEKT*
teniendo	tenido

PRÄSENS
tengo
tienes
tiene
tenemos
tenéis
tienen

PERFEKT
he tenido

PROGRESSIVFORM PRÄSENS
estoy teniendo

PROGRESSIVFORM IMPERFEKT
estaba teniendo

IMPERFEKT
tenía

PRETÉRITO
tuve
tuviste
tuvo
tuvimos
tuvisteis
tuvieron

Ähnliche Verben

abstener(se)	sich enthalten, verzichten auf	**entretener**	unterhalten, ablenken
contener	enthalten	**mantener**	stützen, instand halten
detener	verhaften	**obtener**	erlangen, bekommen
sostener	unterstützen, erhalten		

N.B. Die wichtigsten Unregelmäßigkeiten sind:

- Die 1. Person Singular des Indikativs Präsens ist **tengo**, der Konjunktiv Präsens besitzt daher ebenfalls den Stamm **teng-**.
- Die übrigen Formen des Indikativs Präsens verhalten sich wie ein Verb, das den Stammvokal von **e ➜ ie** ändert.
- Der Stamm des **pretérito grave** ist **tuv-** und wird auch für den Konjunktiv Imperfekt gebraucht.
- Der Stamm für Zukunft und Konditional ist **tendr-**.
- Der Imperativ Singular in der du-Form ist **ten**.

IMPERATIV

(tú) ten	(vosotros) tened
(usted) tenga	(ustedes) tengan

PLUSQUAMPERFEKT
había tenido

PRETÉRITO ANTERIOR
hube tenido

FUTUR I
tendré

FUTUR II
habré tenido

KONDITIONAL I
tendría

KONDITIONAL II
habría/hubiera tenido

KONJUNKTIV PRÄSENS
tenga
tengas
tenga
tengamos
tengáis
tengan

KONJUNKTIV PERFEKT
haya tenido

KONJUNKTIV IMPERFEKT
tuviera/tuviese

KONJUNKTIV PLUSQUAMPERFEKT
hubiera/hubiese tenido

¡*Ten* cuidado! Es peligroso asomarse.	*Sei* vorsichtig! Hinauslehnen ist gefährlich.
***Tenemos* prisa, ¡venga, corre!**	Wir *sind* in Eile, los! Lauf!
***Tenga* piedad de nosotros.**	*Erbarmen Sie* sich unser.
Ha *tenido* mucho que hacer.	Sie *mußte* viel tun.
***Teníamos* mucho frío.**	Uns *war* sehr kalt.
***Tuvieron* que salir.**	Sie *mußten* ausgehen.
Quien *tuviera* dinero lo compraría.	Wer Geld *hätte*, würde es kaufen.

(pg)

GERUNDIUM	*PARTIZIP PERFEKT*
trayendo	traído

PRÄSENS	*PERFEKT*
traigo traes trae traemos traéis traen	he traído
PROGRESSIVFORM PRÄSENS	*PROGRESSIVFORM IMPERFEKT*
estoy trayendo	estaba trayendo
IMPERFEKT	*PRETÉRITO*
traía	traje trajiste trajo trajimos trajisteis trajeron

Ähnliche Verben

atraer	anziehen, herbeiziehen	**distraer**	zerstreuen
		sustraer	subtrahieren
contraer	zusammenziehen; Vertrag schließen		

N.B. Dieses Verb besitzt nachstehende Unregelmäßigkeiten:

- Die 1. Person Singular des Indikativs Präsens ist **traigo**; daraus leitet der Konjunktiv Präsens seinen Stamm **traig**- ab.
- . Der Stamm des **pretérito grave** ist **traj**-; er wird auch für den Konjunktiv Imperfekt gebraucht. Das **-i-** in der 3. Person Plural fehlt.
- Alle Verbformen, deren Endung mit **-i-** beginnt, haben stattdessen ein **-y-**. Die Ausnahme ist die 3. Person Plural des **pretérito**, wie oben bereits erklärt.
- Das **-i-** des Partizips Perfekt braucht einen Akzent.

IMPERATIV

(tú) trae
(usted) traiga
(vosotros) traed
(ustedes) traigan

PLUSQUAMPERFEKT

había traído

PRETÉRITO ANTERIOR

hube traído

FUTUR I

traeré

FUTUR II

habré traído

KONDITIONAL I

traería

KONDITIONAL II

habría/hubiera traído

KONJUNKTIV PRÄSENS

traiga
traigas
traiga
traigamos
traigáis
traigan

KONJUNKTIV PERFEKT

haya traído

KONJUNKTIV IMPERFEKT

trajera/trajese

KONJUNKTIV PLUSQUAMPERFEKT

hubiera/hubiese traído

***Tráigame* más pan, por favor.**	*Bringen Sie* mir bitte noch etwas Brot!
***Traje* sólo dos mil pesetas.**	Ich *brachte* nur zweitausend Peseten (mit).
Los niños me *traían* sus deberes.	Die Kinder *brachten* mir ihre Hausaufgaben.
¿Han *traído* sus cartas?	Haben Sie Ihre Briefe *mitgebracht?*

GERUNDIUM	***PARTIZIP PERFEKT***
valiendo	valido

PRÄSENS
valgo
vales
vale
valemos
valéis
valen

PERFEKT
he valido

PROGRESSIVFORM PRÄSENS
estoy valiendo

PROGRESSIVFORM IMPERFEKT
estaba valiendo

IMPERFEKT
valía

PRETÉRITO
valí
valiste
valió
valimos
valisteis
valieron

N.B. Die einzigen Unregelmäßigkeiten sind:

- Die 1. Person Singular des Indikativs Präsens ist **valgo**. Der Stamm des Konjunktiv Präsens ist daher **valg-**.
- Der Stamm des Futurs und Konditionals ist **valdr-**.

IMPERATIV

(tú) vale
(usted) valga
(vosotros) valed
(ustedes) valgan

PLUSQUAMPERFEKT

había valido

PRETÉRITO ANTERIOR

hube valido

FUTUR I

valdré

FUTUR II

habré valido

KONDITIONAL I

valdría

KONDITIONAL II

habría/hubiera valido

KONJUNKTIV PRÄSENS

valga
valgas
valga
valgamos
valgáis
valgan

KONJUNKTIV PERFEKT

haya valido

KONJUNKTIV IMPERFEKT

valiera/valiese

KONJUNKTIV PLUSQUAMPERFEKT

hubiera/hubiese valido

No *vale* la pena volver.	Es *lohnt sich* nicht zurückzukommen.
Estas camisas *valían* cinco mil pesetas.	Diese Hemden *kosteten* fünftausend Peseten.

(pg)

GERUNDIUM
viniendo

PARTIZIP PERFEKT
venido

PRÄSENS
vengo
vienes
viene
venimos
venís
vienen

PERFEKT
he venido

PROGRESSIVFORM PRÄSENS
estoy viniendo

PROGRESSIVFORM IMPERFEKT
estaba viniendo

IMPERFEKT
venía

PRETÉRITO
vine
viniste
vino
vinimos
vinisteis
vinieron

Ähnliche Verben

contravenir	entgegen-, zuwiderhandeln	**intervenir**	eingreifen
convenir	vereinbaren, passen		

N.B. Die wichtigsten Unregelmäßigkeiten sind:

- Die 1. Person Singular des Indikativs Präsens ist **vengo**, der Stamm des Konjunktiv Präsens ist daher **veng-**.
- Die übrigen Formen des Indikativs Präsens verhalten sich wie ein Verb, das den Stammvokal von **e** ➔ **ie** verändert.
- Der Stamm des **pretérito grave** ist **vin-**, der auch beim Konjunktiv Imperfekt und Gerundium gebraucht wird.
- Der Stamm für Futur und Konditional ist **vendr-**.
- Die »du«-Form des Imperativ ist **ven**.

IMPERATIV

(tú) ven
(usted) venga
(vosotros) venid
(ustedes) vengan

PLUSQUAMPERFEKT

había venido

PRETÉRITO ANTERIOR

hube venido

FUTUR I

vendré

FUTUR II

habré venido

KONDITIONAL I

vendría

KONDITIONAL II

habría/hubiera venido

KONJUNKTIV PRÄSENS

venga
vengas
venga
vengamos
vengáis
vengan

KONJUNKTIV PERFEKT

haya venido

KONJUNKTIV IMPERFEKT

viniera/viniese

KONJUNKTIV PLUSQUAMPERFEKT

hubiera/hubiese venido

***Venga* conmigo a la comisaría.**	*Kommen Sie* mit mir aufs Polizeirevier.
***Vinieron* en el tren de las doce.**	Sie *kamen* mit dem zwölf-Uhr-Zug.
***Venía* al colegio todos los días.**	Er *kam* jeden Tag zur Schule.
***Vendremos* a verte mañana.**	Wir *werden* dich morgen *besuchen.*

GERUNDIUM	***PARTIZIP PERFEKT***
viendo	visto

PRÄSENS
veo
ves
ve
vemos
veis
ven

PERFEKT
he visto

PROGRESSIVFORM PRÄSENS
estoy viendo

PROGRESSIVFORM IMPERFEKT
estaba viendo

IMPERFEKT
veía

PRETÉRITO
vi
viste
vio
vimos
visteis
vieron

Ähnliche Verben

entrever	flüchtig sehen; mutmaßen	**prever**	vorher-, voraussehen

N.B. Die wichtigsten Unregelmäßigkeiten sind:

- Der Stamm der 1. Person Singular des Indikativs Präsens, aller Formen des Konjunktivs Präsens und des Indikativs Imperfekt ist **ve-**.
- Die Formen des **pretérito** verhalten sich wie bei Verben auf **-er** und **-ir**. Die Schriftsprache gebraucht jedoch keine Akzente.
- Das Partizip Perfekt ist unregelmäßig, **visto**.

In sonstiger Hinsicht ist **ver** regelmäßig. Achten Sie jedoch darauf, daß die »du«-Form des Imperativs (**ve**) mit der von **ir** »gehen« identisch ist.

IMPERATIV	
(tú) ve	(vosotros) ved
(usted) vea	(ustedes) vean

PLUSQUAMPERFEKT
había visto

PRETÉRITO ANTERIOR
hube visto

FUTUR I
veré

FUTUR II
habré visto

KONDITIONAL I
vería

KONDITIONAL II
habría/hubiera visto

KONJUNKTIV PRÄSENS
vea
veas
vea
veamos
veáis
vean

KONJUNKTIV PERFEKT
haya visto

KONJUNKTIV IMPERFEKT
viera/viese

KONJUNKTIV PLUSQUAMPERFEKT
hubiera/hubiese visto

¡Te *veo* muy bien!	Ich kann dich sehr gut *sehen*!
Nos *vieron* entrar en el café.	Sie *sahen* uns ins Café gehen.
***Veíamos* que no estaban allí.**	Wir *sahen*, daß sie nicht da waren.
Había *visto* a su madre en casa.	Er *hatte* seine Mutter zu Hause *gesehen*.

C
SACHREGISTER

Die angegebenen Referenzen beziehen sich auf den entsprechenden Abschnitt in *Das spanische Verbsystem.*

Aussprache 2i(ii), 10b(ii)
Direktes Objekt 2c, 2e
Einfache Tempora 5b(i)
Einfache Vergangenheitsformen 6b(iii), 10b(ix)
Ergänzung 2b
Fragen 2i(iii)
Futur I 6c(ii)
Futur II 6b(v)D
Gerundium 2h(iii)A, 4b(i), 5c(i)
Hilfsverb 1b, 5c
Imperativ 7
Imperfekt 6b(i)
Imperfekt der Progressiv-/Verlaufsform 5c(i), 6b(ii)
Importierte Verben 10a(ii)
Indikativ 6
Indirektes Objekt 2e
Infinitiv 2h(i), 2h(ii), 4a
Intransitive Verben 2a, 2d
Inversion von Subjekt und Verb 2i(iii)
Konditional I 6d
Konditional II 6b(v)D
Konjugationsarten 10a, 10b
Konjunktiv 8
Konjunktiv Imperfekt 8c
Konjunktiv Präsens 8a
Modalverben 3
Partizip Perfekt 2h(iiiB, 4b(ii), 6b(iv), 6b(v)
Partizip Präsens 2h(iii), 4b(i), 5c(i)
Partizipien 2h(iii), 4b
Passiv 9
Perfekt 6b(v)A
Plusquamperfekt 6b(v)B
Präposition 2g, 2h(ii)
Präsens 6a, 10b(v), 10b(vi), 10b(vii), 10b(viii)
Präsens der Progressiv-/Verlaufsform 5c(i), 6a(ii)
pretérito 6b(iii)

pretérito anterior 6b(v)C
pretérito grave 6b(iii), 10b(iv)
Progressiv-/Verlaufsformen 5c(i)
Progressivformen 5c(i)
Pronomen 2i(ii), 10a, 11b
Reflexive Verben 2f, 11
Reflexivpronomen 11b
Regelmäßige Verben 10a(i), 10b(i)
Stellung des Verbs im Satz 2i
Subjekt 2b, 2f, 2i(ii)
Subjektpronomen 2i(ii), 10a
Tempus 5a
Transitives Verb 2c, 2d
Übereinstimmung (Partizip Perfekt) 4b(ii)
Unmittelbare Zukunft mit **ir a** 6c(ii)
Unregelmäßige Verben 10a(iii)
Verben mit orthographischen Veränderungen 10b(ii)
Verben, die den Stammvokal ändern 10b(v)
Vergangenheitsformen 6b
Vermeidung des Passiv 9b
Verneinung 2i(iv)
Vorhersagbarkeit 10a
Zusammengesetzte Konjunktivformen 8c
Zusammengesetzte Tempora 5b(ii), 5c
Zusammengesetzte Verben 10a(iv), 10c

D
VERBREGISTER

Ein Sternchen vor dem Verb weist darauf hin, daß es sich um eines der in Abschnitt B aufgeführten Modellverben handelt. Bei **ch**, **ll** und **ñ** wurde die alphabetische Reihenfolge des Deutschen beibehalten.

A

abandonar *(tr)*	verlassen, im Stich lassen, aufgeben **2**
abastecer *(tr)*	versorgen, beliefern **32**
ablandar *(tr)*	weichmachen **2**
abolir *(tr)*	abschaffen **4**
abordar *(tr)*	ansprechen; entern **2**
aborrecer *(tr)*	hassen **32**
abortar *(tr/intr)*	abtreiben; e-e Fehlgeburt haben **2**
abotonar *(tr)*	(zu)knöpfen **2**
abrasar *(tr)*	verbrennen **2**
abrazar(se) *(tr/refl)*	umarmen **6**
abrevar *(tr)*	tränken *(Tiere)* **2**
abreviar(se) *(tr/refl)*	(ab)kürzen, verkürzen **14**
abrigar(se) *(tr/refl)*	sich vor etw schützen; warm halten **7**
***abrir** *(tr/intr)*	öffnen, eröffnen, anfangen **25**
abrir *(tr)*	aufdrehen *(Wasserhahn)*
abrir con llave *(tr)*	aufschließen
abrir la cremallera *(tr)*	Reißverschluß öffnen
abrir por fuerza *(tr)*	mit Gewalt öffnen
abrir sobre *(intr)*	hinausgehen auf *(Fenster)*
abrochar *(tr)*	zuknöpfen, zumachen **2**
absolver *(tr)*	freisprechen, vergeben **20**
absorber *(tr)*	aufnehmen, absorbieren **3**
abstenerse de *(refl)*	absehen von, verzichten auf; sich enthalten **54**
abultar *(tr/intr)*	vergrößern; Raum einnehmen **2**
abundar de/en *(intr)*	reichlich vorhanden sein **2**
aburrir *(tr)*	langweilen **4**
abusar de *(intr)*	mißbrauchen, hintergehen **2**
acabar *(tr/intr)*	beenden, vollenden; zu Ende sein **2**
acabar con *(intr)*	mit jdm fertig werden; jdm den Garaus machen
acabar de *(intr)*	soeben etw getan haben
acabar(se) *(intr/refl)*	aus sein, zu Ende sein; enden mit **2**
acallar *(tr)*	zum Schweigen bringen **2**

acampar(se) *(intr/refl)*	zelten **2**
acanalar *(tr)*	auskehlen; kanalisieren **2**
acariciar *(tr)*	liebkosen, streicheln, hätscheln; hegen **2**
acarrear *(tr)*	befördern; verursachen **2**
acechar *(tr)*	belauern, nachstellen **2**
acelerar(se) *(tr/refl)*	beschleunigen; sich beeilen **2**
aceptar *(tr)*	annehmen **2**
acerar *(tr)*	stählen **2**
acercarse a *(refl)*	sich nähern **5**
acertar *(tr/intr)*	treffen, erraten, gewinnen **19**
aclarar *(tr)*	klären, aufklären; spülen **2**
acoger *(tr)*	aufnehmen, empfangen **11**
acometer *(tr)*	angreifen; unternehmen **3**
acomodar *(tr)*	unterbringen; anpassen **2**
acompañar *(tr)*	begleiten **2**
aconsejar *(tr)*	(be)raten **2**
acontecer *(intr)*	sich ereignen, vorkommen **32**
acoplar(se) *(tr/refl)*	koppeln; sich paaren **2**
acordar *(tr)*	vereinbaren **20**
acordarse de *(refl)*	sich erinnern an **20**
acortar(se) *(tr/refl)*	verkürzen, abkürzen, kürzer werden **2**
acosar *(tr)*	hetzen, bedrängen **2**
acostar *(tr)*	zu Bett bringen **20**
acostarse *(refl)*	sich niederlegen, zu Bett gehen **20**
acostumbrar *(tr)*	(an)gewöhnen **2**
acostumbrarse a *(refl)*	sich gewöhnen, vertraut werden mit **2**
acribillar *(tr)*	plagen **2**
acribillar a *(tr)*	durchlöchern mit
actualizar *(tr)*	aktualisieren, auf den neuesten Stand bringen **6**
***actuar** *(tr/intr)*	betätigen; tätig sein; auftreten **15**
actuar de mimo *(intr)*	als Mime auftreten
acudir *(intr)*	sich einstellen; zu Hilfe eilen; herbeieilen **4**
acumular(se) *(tr/refl)*	anhäufen, aufhäufen, sich häufen **2**

acunar *(tr)*	(in den Schlaf) wiegen **2**
acuñar *(tr)*	münzen, prägen; verkeilen **2**
acusar *(tr)*	anklagen, beschuldigen **2**
adaptar *(tr)*	angleichen, anpassen **2**
adaptarse a *(refl)*	sich anpassen, sich fügen in **2**
adelantar *(tr/intr)*	vorrücken; beschleunigen; vorschießen *(Geld)*; fortschreiten **2**
adelgazar *(tr/intr)*	abmagern, abnehmen; verdünnen **6**
adherirse a *(refl)*	(an)kleben; beitreten **4**
adiestrar *(tr)*	unterweisen, schulen; drillen **2**
adivinar *(tr/intr)*	erraten **2**
administrar *(tr)*	verwalten **2**
administrar una dosis *(tr)*	eine Dosis verabreichen
admirar *(tr)*	bewundern **2**
admirarse *(refl)*	sich wundern **2**
admitir *(tr)*	zugeben, zugestehen, eingestehen **4**
adoptar *(tr)*	adoptieren; sich aneignen; fassen *(Beschluß)* **2**
adorar *(tr)*	anbeten, verehren **2**
adornar *(tr)*	schmücken, zieren, putzen **2**
***adquirir** *(tr)*	erwerben, kaufen **26**
aducir *(tr)*	anführen, erbringen **31**
adular *(tr)*	schmeicheln **2**
advertir *(tr)*	benachrichtigen, warnen **22**
afanarse *(refl)*	sich abmühen, sich abrackern **2**
afectar *(tr)*	betreffen **2**
afeitar(se) *(tr/refl)*	sich rasieren **2**
aferrarse a *(refl)*	sich anklammern, beharren **2**
aficionarse a *(refl)*	eine Zuneigung fassen zu, eine Leidenschaft entwickeln für **2**
afilar *(tr)*	schärfen; spitzen **2**
afinar *(tr)*	verfeinern; stimmen **2**
afirmar *(tr)*	bestätigen, behaupten, erklären, aussagen **2**
afligir *(tr)*	heimsuchen, kränken, betrüben **11**

aflojar(se) *(tr/refl)*	sich lockern, locker werden **2**
agacharse *(refl)*	sich ducken, sich niederkauern **2**
agarrar *(tr)*	greifen, packen, halten, fassen **2**
agarrarse de *(refl)*	sich festhalten, sich anklammern **2**
agitar *(tr)*	rühren; bewegen, schwenken **2**
agitarse *(refl)*	zappeln; sich sträuben **2**
agonizar *(tr/intr)*	quälen, plagen; im Sterben liegen **6**
agotar *(tr)*	ausschöpfen, erschöpfen **2**
agradar *(tr/intr)*	gefallen **2**
agradecer *(tr)*	danken **32**
agravar(se) *(tr/refl)*	sich verschlimmern **2**
agraviar *(tr)*	jdm Unrecht tun **2**
agregar *(tr)*	hinzufügen **7**
agriar(se) *(tr/refl)*	erbittern; sauer werden **14**
aguantar(se) *(tr/intr/refl)*	ertragen, erdulden, aushalten; sich beherrschen **2**
aguar *(tr)*	verwässern, verdünnen *(Wein, usw.)* **8**
aguardar *(tr)*	(ab)warten **2**
agujerear *(tr)*	durchlöchern, ein Loch machen in **2**
ahogar(se) *(tr/refl)*	ertränken; ertrinken, ersticken **7**
ahorrar *(tr)*	beiseite legen, sparen *(Geld, Zeit)* **2**
ahuecar *(tr)*	aushöhlen **5**
ahusarse *(refl)*	spitz zulaufen **2**
aislar de *(tr)*	absondern, isolieren von **15**
ajustar *(tr)*	justieren, anpassen, regeln; begleichen *(Rechnung);* genau passen **2**
alabar *(tr)*	loben **2**
alargar(se) *(tr/refl)*	verlängern, ausdehnen **7**
alarmar *(tr)*	alarmiern, erschrecken **2**
alborear *(intr)*	dämmern, tagen **2**
alborotar *(tr/intr)*	stören; lärmen **2**
alcanzar *(tr/intr)*	ereilen, erreichen, treffen *(Ziel);* einholen **6**

alejar *(tr)*	entfremden, wegschicken, in die Flucht jagen, weggehen **2**
alejarse *(refl)*	sich entfernen **2**
alentar *(tr/intr)*	ermutigen; atmen **19**
aligerar *(tr)*	erleichtern **2**
alimentar *(tr)*	ernähren **2**
alinear(se) *(tr/refl)*	sich in e-r Linie aufstellen, (sich) ausrichten **2**
alisar *(tr)*	glätten, ebnen **2**
alistarse a *(refl)*	Soldat werden **2**
aliviar *(tr)*	erleichtern, entlasten, mäßigen, lindern *(Schmerz)* **2**
allanar *(tr)*	ebnen, gleichmachen, planieren **2**
almacenar *(tr)*	speichern, lagern **2**
almorzar *(intr)*	zu Mittag essen **6, 20**
alojar *(tr)*	unterbringen, beherbergen, einquartieren **2**
alquilar *(tr)*	(ver)mieten **2**
alterar(se) *(tr/refl)*	verändern; beeinträchtigen; sich ändern; sich ärgern **2**
alternar *(intr)*	abwechseln **2**
aludir a *(intr)*	hinweisen, anspielen aus **4**
alumbrar *(tr)*	er-, beleuchten **2**
alzar *(tr)*	aufheben, hochhalten, erhöhen **6**
amalgamar *(tr)*	vermengen, verbinden **2**
amamantar *(tr)*	säugen, stillen **2**
amanecer *(intr)*	Tag werden **32**
amansar *(tr)*	zähmen **2**
amar *(tr)*	lieben **2**
amargar *(tr/intr)*	verbittern; bitter schmecken **7**
amarrar *(tr)*	vertäuen, festmachen, anlegen **2**
amenazar *(tr)*	drohen **6**
amoldar *(tr)*	formen **2**
amontonar *(tr)*	auf-, anhäufen **2**
amontonar(se) *(tr/refl)*	sich häufen, zusammenlaufen **2**
amortiguar *(tr)*	abtöten, dämpfen **8**
amortizar *(tr)*	tilgen, abzahlen **6**
amotinarse *(refl)*	meutern **2**

ampliar *(tr)*	ausdehnen, erweitern, vergrößern **14**
amplificar *(tr)*	verstärken **5**
ampollar(se) *(tr/refl)*	sich mit Blasen bedecken **2**
amputar *(tr)*	amputieren **2**
analizar *(tr)*	analysieren **6**
anclar *(intr)*	ankern **2**
***andar** *(intr)*	gehen, laufen; funktionieren, arbeiten **27**
andar a gatas *(intr)*	kriechen, krabbeln
andar a pasos largos *(intr)*	mit großen Schritten gehen
aneblarse *(refl)*	sich bewölken; neblig werden; sich verdunkeln **19**
anestesiar *(tr)*	anästhesieren **2**
anexionar *(tr)*	annektieren, einverleiben **2**
anhelar *(tr)*	ersehnen **2**
anidar *(tr/intr)*	nisten **2**
animar *(tr)*	animieren, ermutigen **2**
animarse *(refl)*	Mut fassen, sich aufraffen **2**
aniquilar *(tr)*	vernichten, zerstören **2**
anochecer *(intr)*	dunkel werden **32**
anotar *(tr)*	notieren, anmerken **2**
anticipar *(tr)*	vorausnehmen; vorstrecken *(Geld)* **2**
anudar *(tr)*	verknoten, anknüpfen **2**
anular *(tr)*	annullieren, aufheben, streichen, kündigen *(Versicherung)*, tilgen *(Schuld)* **2**
anunciar *(tr)*	ankündigen, bekanntmachen, veröffentlichen **2**
añadir *(tr)*	hinzufügen, hinzurechnen **4**
apacentar *(tr)*	weiden **19**
apaciguar *(tr)*	Frieden stifen, besänftigen **8**
apagar *(tr)*	ausmachen, löschen; stillen; ausschalten **7**
apagarse *(refl)*	erlöschen, verklingen **7**
aparcar *(tr)*	parken **5**
aparecer *(intr)*	erscheinen, auftauchen, sich zeigen **32**

aparecer inesperadamente *(intr)*	unerwartet auftauchen
aparentar *(tr)*	vorgeben **2**
apartar *(tr)*	absondern, trennen **2**
apartarse de *(refl)*	sich entfernen **2**
apedrear *(tr)*	steinigen **2**
apelar a *(tr/intr)*	Berufung einlegen, Hilfe suchen **2**
apercibir *(tr)*	vorbereiten; warnen; gewahr werden **4**
apetecer *(tr)*	Lust haben auf **32**
apilar(se) *(tr/refl)*	aufhäufen, stapeln **3**
aplastar *(tr)*	plattdrücken **2**
aplaudir *(tr/intr)*	applaudieren, klatschen **4**
aplazar *(tr)*	vertagen, verschieben, aufschieben, verzögern **6**
aplicar *(tr)*	anwenden **5**
aporrear *(tr)*	schlagen, verprügeln **2**
apostar *(tr/intr)*	wetten, wetteifern, wetten auf **20**
apoyar *(tr)*	unterstützen, verteidigen; verfechten; abstützen; beistehen **2**
apoyar(se) *(tr/refl)*	(sich) stützen **2**
apreciar *(tr)*	schätzen, beurteilen; zu schätzen wissen **2**
aprender *(tr)*	lernen **3**
aprender de memoria *(tr)*	auswendig lernen
apresurarse a *(refl)*	sich beeilen, schnell machen **2**
apretar(se) *(tr/refl)*	drücken *(Knopf, usw.);* anziehen, festschrauben; Druck ausüben **19**
aprisionar *(tr)*	verhaften; einklemmen **2**
aprobar *(tr/intr)*	genehmigen, zustimmen; beipflichten; bestehen *(Prüfung),* verabschieden *(Gesetz)* **20**
aprovechar *(tr)*	Nutzen ziehen aus **2**
aproximarse a *(refl)*	sich nähern **2**
apuntar *(tr)*	verzeichnen, notieren, niederschreiben **2**
apuntar a	zielen auf
apuñalar *(tr)*	jdn erdolchen **2**
arañar *(tr)*	kratzen **2**
arar *(tr)*	pflügen **2**

arbitrar *(tr/intr)*	einen Schiedsspruch fällen **2**
arbitrar entre *(intr)*	schlichten zwischen
archivar *(tr)*	ablegen **2**
arder *(intr)*	brennen, in Flammen stehen **3**
arder de *(tr)*	entflammen
armar *(tr)*	bewaffnen **2**
armonizar *(tr)*	in Einklang bringen, harmonisieren **6**
arrancar *(tr/intr)*	wegreißen; anlassen, starten **5**
arrastrar *(tr)*	schleifen, abschleppen, ziehen **2**
arrastrarse *(refl)*	kriechen, sich erniedrigen **2**
arrebatar *(tr)*	entreißen **2**
arreglar *(tr)*	regeln, festsetzen; ausbessern; herrichten; aufräumen **2**
arreglárselas *(refl)*	fertig werden mit **2**
arrendar *(tr)*	verpachten, vermieten **19**
arrepentirse de *(refl)*	bedauern **22**
arrestar *(tr)*	verhaften **2**
arriesgar *(tr)*	riskieren, wagen **7**
arriesgarse *(refl)*	sich einer Gefahr aussetzen, sich wagen an **7**
arrodillarse *(refl)*	niederknien **2**
arrojar *(tr)*	werfen, schleudern, hinausjagen, ausschütten **2**
arrollar *(tr/intr)*	aufrollen **2**
arrugar(se) *(tr/refl)*	zerknittern; runzeln *(Stirn)* **7**
arruinar *(tr)*	ruinieren, zerstören, verderben **2**
asaltar *(tr)*	angreifen, stürmen **2**
asar *(tr)*	braten **2**
asar a la parrilla *(tr)*	grillen
ascender *(tr)*	aufrücken, befördern *(Rang)* **19**
ascender *(intr)*	hinaufgehen, steigen **19**
ascender a *(intr)*	sich belaufen auf
asediar *(tr)*	belagern **2**
asegurar *(tr)*	versprechen, zusichern; versichern; festmachen, befestigen **2**

asegurar(se) *(tr/refl)*	sich (ver)sichern **2**
asentar *(tr/intr)*	(ab)setzen; ansiedeln; vereinbaren **19**
asesinar *(tr)*	ermorden, umbringen **2**
asfixiar(se) *(tr/refl)*	ersticken, erdrosseln **2**
asignar *(tr)*	zuweisen, zuteilen, übereignen **2**
asimilar *(tr)*	assimilieren, angleichen **2**
***asir** *(tr)*	ergreifen, packen, anfassen **18**
asistir *(tr)*	beistehen, unterstützen **4**
asistir a *(tr/intr)*	teilnehmen; besuchen *(Veranstaltung)* **4**
asociarse *(refl)*	eine Gesellschaft bilden **2**
asociarse con *(refl)*	sich zusammentun mit
asolar *(tr)*	verheeren **2**
asomar(se) *(tr/refl)*	hinauslehnen, hinausschauen **2**
asombrar *(tr)*	erstaunen; beschatten, verdunkeln **2**
asombrarse *(refl)*	sich wundern **2**
aspirar *(tr)*	(auf)saugen; einatmen **2**
aspirar a *(intr)*	abzielen auf **2**
astillar *(tr)*	zersplittern, spalten **2**
asumir *(tr)*	übernehmen **4**
asustar *(tr)*	erschrecken, ängstigen **2**
asustarse *(refl)*	sich fürchten, sich ängstigen **2**
atacar *(tr)*	angreifen, bekämpfen **5**
atajar *(tr/intr)*	abschneiden, unterbrechen **2**
atar *(tr)*	binden, schnüren, fesseln **2**
atar con una cuerda *(tr)*	verschnüren
atender *(tr)*	betreuen, pflegen, sich kümmern um, behandeln *(medizinisch)* **19**
atenerse a *(refl)*	sich halten an, sich richten nach **54**
aterrar *(tr/intr)*	landen; zerstören **19**
aterrar(se) *(tr/refl)*	erschrecken **2**
aterrizar *(intr)*	landen, aufsetzen **6**
aterrorizar *(tr)*	terrorisieren **6**
atiborrarse *(refl)*	sich vollstopfen *(Essen)* **2**
atiesar(se) *(tr/refl)*	(sich) versteifen, spannen, straffen **2**
atomizar *(tr)*	atomisieren, zerstäuben **6**

atormentar *(tr)*	foltern, peinigen **2**
atornillar *(tr)*	(fest)schrauben **2**
atracar *(tr/intr)*	überfallen; anlegen, festmachen *(Schiff)* **5**
atraer *(tr)*	anziehen, locken **55**
atragantarse *(refl)*	sich verschlucken **2**
atrancar *(tr)*	verrammeln, verriegeln **5**
atrapar *(tr)*	erwischen, packen **2**
atravesar *(tr/intr)*	durchqueren, überqueren; über e-n Fluß setzen **19**
atreverse a *(refl)*	wagen **3**
atropellar *(tr)*	umrennen, überfahren, anfahren **2**
auditar *(tr)*	Geschäftsbücher prüfen **2**
aullar *(intr)*	heulen **2**
aumentar *(tr/intr)*	vermehren, vergrößern, erweitern, erhöhen **2**
aumentarse *(refl)*	sich vermehren, zunehmen **2**
ausentarse de *(refl)*	abwesend sein, sich entfernen **2**
automatizar *(tr)*	automatisieren **6**
autorizar *(tr)*	bevollmächtigen, berechtigen, befugen **6**
avanzar *(tr/intr)*	vorrücken, vorankommen **6**
aventajar *(tr)*	übertreffen, zuvorkommen **2**
aventurar *(tr)*	aufs Spiel setzen, wagen **2**
avergonzar(se) *(tr/refl)*	beschämen, sich schämen **6**
averiarse *(refl)*	beschädigt werden; nicht funktionieren **14**
***averiguar** *(tr)*	untersuchen, herausfinden **8**
avisar *(tr)*	benachrichtigen, erinnern, warnen **2**
avistar *(tr)*	erblicken **2**
ayudar *(tr)*	helfen **2**
ayunar *(intr)*	fasten **2**
azorar *(tr)*	erschrecken, ängstigen, verwirren **2**
azotar *(tr)*	auspeitschen **2**
azucarar *(tr)*	versüßen, zuckern **2**

B

babear *(intr)*	sabbern	2
bailar *(intr)*	tanzen	2
bajar *(tr)*	herunterlassen, herunternehmen, senken	2
bajar *(intr)*	hinabsteigen, hinuntergehen; verringern, weniger werden; landen; ebben, nachlassen	2
bajar de *(intr)*	aussteigen	
balancear(se) *(tr/refl)*	schaukeln, sich wiegen	2
balar *(intr)*	blöken	2
balbucear *(tr/intr)*	stammeln, stottern	2
bambolear(se) *(intr/refl)*	schwanken, wackeln	2
banquetear *(tr/intr)*	schlemmen	2
bañar *(tr)*	baden, eintauchen	2
bañarse *(refl)*	sich baden	2
barrear *(tr)*	verrammeln	2
barrer *(tr)*	kehren, fegen	3
basar en *(tr)*	basieren, beruhen auf	2
bastar *(intr)*	genügen	2
batir *(tr)*	schlagen, hämmern	4
bautizar *(tr)*	taufen	6
beber *(tr)*	trinken	3
***bendecir** *(tr)*	segnen	28
beneficiar *(tr)*	begünstigen, nützen	2
besar *(tr)*	küssen	2
bifurcarse *(refl)*	sich gabeln	5
biodegradar(se) *(tr/refl)*	sich biologisch abbauen	2
bizquear *(intr)*	schielen	2
blandir *(tr)*	schwingen, schwenken	4
blanquear *(tr)*	bleichen, weißen	2
blasfemar *(intr)*	fluchen	2
bloquear *(tr)*	blockieren; stoppen; sperren	2
boicotear *(tr)*	boykottieren	2
bombardear *(tr)*	bombardieren	2
bombear *(tr)*	pumpen	2
bombearse *(refl)*	sich verziehen, wölben verbiegen	2
borbotar *(intr)*	sprudeln, überkochen	2
bordar *(tr)*	sticken	2
borrar *(tr)*	ausstreichen, auswischen; löschen; tilgen *(Schuld)*	2
bostezar *(intr)*	gähnen	6

	boxear *(intr)*	boxen **2**
	bramar *(intr)*	brüllen, schreien **2**
	brillar *(tr/intr)*	glänzen, schimmern, leuchten **2**
	brincar *(intr)*	springen, hüpfen **5**
	brindar *(tr)*	zutrinken **2**
	bromear *(intr)*	spaßen **2**
	broncear(se) *(tr/refl)*	bräunen **2**
	brotar *(intr)*	hervorkommen, aufgehen, hervorquellen **2**
	burbujear *(intr)*	Blasen werfen, sprudeln **2**
	burlar *(tr)*	verspotten, hintergehen **2**
	buscar *(tr)*	holen, suchen, nachforschen **5**
C	**cabalgar** *(tr/intr)*	reiten **7**
	cabecear *(intr)*	mit dem Kopf nicken *(vor Schläfrigkeit),* den Kopf schütteln **2**
	***caber** *(intr)*	fassen, enthalten sein **29**
	caducar *(tr)*	verfallen; ablaufen **5**
	***caer** *(intr)*	fallen; stürzen **30**
	caer enfermo *(intr)*	krank werden
	calar(se) *(tr/refl)*	durchstoßen; durchschauen; bis auf die Haut naß werden **2**
	calcular *(tr)*	berechnen, veranschlagen **2**
	calentar(se) *(tr/refl)*	wärmen, erhitzen, heiß werden **19**
	calificar de *(tr)*	benennen, kennzeichnen, beschreiben als **5**
	callarse *(tr)*	still sein, schweigen **2**
	calmar(se) *(tr/refl)*	beruhigen, besänftigen **2**
	calumniar *(tr)*	verleumden **2**
	calzar *(tr)*	Schuhe anziehen, beschlagen **6**
	cambiar (de) *(tr/intr)*	(aus)wechseln, (um)tauschen; verändern, ersetzen; umschlagen *(Wetter)* **2**
	cambiar por *(tr)*	auswechseln gegen
	cambiarse *(refl)*	umspringen *(Wind);* umziehen **2**
	caminar *(intr)*	wandern, gehen **2**
	cancelar *(tr)*	löschen, anullieren, tilgen,

	abschreiben *(Schuld)*, kündigen *(Versicherung)* **2**
cansar(se) *(tr/refl)*	ermüden **2**
cantar *(tr/intr)*	singen **2**
canturrear *(intr)*	summen, trällern **2**
capturar *(tr)*	festnehmen, fangen **2**
caracterizar *(tr)*	charakterisieren **6**
carecer *(intr)*	mangeln **32**
cargar *(tr)*	laden, beladen, belasten *(Konto)* **7**
caricaturizar *(tr)*	karikieren, lächerlich machen **6**
casar(se) *(tr/refl)*	heiraten **2**
castigar *(tr)*	bestrafen, züchtigen **7**
catalogar *(tr)*	katalogisieren, auflisten **7**
causar *(tr)*	verursachen, führen zu **2**
cavar *(tr/intr)*	graben **2**
***cazar** *(tr/intr)*	jagen, fangen, verfolgen **6**
cazar ilegalmente *(tr)*	wildern
cebar *(tr)*	füttern, mästen **2**
ceder *(tr/intr)*	nachgeben, zugestehen, aufgeben, zedieren, überlassen **3**
ceder el paso *(intr)*	jdm den Vortritt lassen
cegar *(tr)*	blenden **7, 19**
celebrar *(tr)*	feiern **2**
cenar *(tr/intr)*	zu Abend essen **2**
censurar *(tr)*	tadeln, zensieren, rügen **2**
centellear *(intr)*	funkeln **2**
centralizar *(tr)*	zentralisieren, vereinheitlichen **6**
centrifugar *(tr)*	schleudern **7**
ceñir *(tr)*	umgürten, umgeben **17, 24**
cepillar *(tr)*	bürsten **2**
cercar *(tr)*	umgeben, umringen, umzäunen, einfrieden **5**
cerrar(se) *(tr/refl)*	zumachen, schließen; zudrehen; sich bewölken **19**
cerrar con llave *(tr)*	zuschließen
cerrar(se) de golpe *(tr/refl)*	zuschlagen
certificar *(tr)*	bescheinigen, beurkunden **5**
cesar *(intr)*	aufhören **2**
chantajear *(tr)*	erpressen **2**

chapotear *(intr)*	plätschern, paddeln *(mit den Füßen)* **2**
charlar *(intr)*	plaudern, erzählen **2**
chasquear *(intr)*	knacken, knarren *(Holz)* **2**
chillar *(intr)*	heulen, schreien, brüllen **2**
chirriar *(intr)*	knarren, kreischen **2**
chispear *(intr)*	Funken sprühen **2**
chocar *(tr)*	herausfordern, schockieren **5**
chocar con *(tr)*	zusammenstoßen mit
chocar contra *(tr)*	stoßen gegen, aufeinanderprallen
chupar *(tr)*	lutschen, saugen **2**
chutar *(intr)*	schießen *(Fußball)* **2**
circular *(tr)*	in Umlauf bringen **2**
citar a *(tr)*	zitieren, laden **2**
citarse con *(refl)*	sich verabreden mit **2**
clasificar(se) *(tr/refl)*	klassifizieren, sortieren, gliedern, bewerten **5**
clausurar *(tr)*	schließen **2**
clavar *(tr)*	nageln, hineinstoßen, festnageln, befestigen **2**
cobrar *(tr)*	einnehmen, kassieren, (ab)verlangen **2**
cocer *(tr)*	backen, kochen **9, 20**
cocer a fuego lento *(tr/intr)*	sieden
cocer al vapor *(tr)*	dämpfen
cocinar *(tr)*	kochen **2**
codiciar *(tr)*	begehren, sehnlichst wünschen **2**
coexistir *(intr)*	koexistieren **4**
***coger** *(tr)*	ergreifen, fassen, nehmen, aufheben **11**
cohabitar *(intr)*	zusammenleben mit **2**
coincidir *(intr)*	zusammentreffen, übereinstimmen **4**
cojear *(intr)*	hinken **2**
colaborar *(intr)*	zusammenarbeiten, mitwirken **2**
colar *(tr)*	durchseihen, sieben **20**
colegir *(tr)*	zusammenfassen; folgern **11, 21**
colgar *(tr/intr)*	(auf)hängen; *(Hörer)* auflegen **7, 20**
colmar *(tr)*	füllen **2**

colocar *(tr)*	(auf)stellen, legen, setzen **5**
colorear *(tr)*	färben **2**
combatir *(tr)*	(be)kämpfen, streiten **4**
combinar(se) *(tr/refl)*	kombinieren, zusammenfügen **2**
comentar *(tr/intr)*	erläutern, kommentieren **2**
comenzar *(tr/intr)*	beginnen, anfangen, einleiten **6, 19**
***comer** *(tr/intr)*	essen, verzehren **3**
comer algo *(tr)*	eine Kleinigkeit essen
comercializar *(tr)*	vermarkten **6**
comerciar *(intr)*	handeln, Handel treiben **2**
cometer *(tr)*	begehen, zuschulden kommen lassen **3**
comisionar *(tr)*	beauftragen **2**
compadecer(se de) *(tr/refl)*	mitfühlen, Mitleid haben mit **32**
comparar *(tr)*	vergleichen **2**
compartir *(tr)*	teilen **4**
compensar *(tr)*	entschädigen **2**
competir *(intr)*	konkurrieren; wetteifern **24**
compilar *(tr)*	zusammenstellen **2**
completar *(tr)*	ergänzen, vervollständigen **2**
complicar *(tr)*	verwickeln, komplizieren **5**
componer *(tr)*	anordnen; richten; komponieren **47**
componerse de *(refl)*	bestehen aus, umfassen **47**
comportarse *(refl)*	sich benehmen **2**
***comprar** *(tr)*	kaufen, erwerben **2**
comprender *(tr)*	umfassen, enthalten; verstehen **3**
comprimir *(tr)*	zusammendrücken **4**
comprobar *(tr)*	prüfen, kontrollieren, feststellen, bestätigen **20**
comprometerse a *(refl)*	sich verpflichten zu **3**
computar *(tr)*	be-, errechnen **2**
comulgar *(tr/intr)*	Kommunion geben/empfangen **7**
comunicar *(tr/intr)*	mitteilen, übermitteln **5**
concebir *(tr/intr)*	auffassen, begreifen; empfangen *(Biol.)* **24**
conceder *(tr)*	gewähren, verleihen *(Preis),*

	zugestehen; einräumen, erteilen **3**
concentrar	häufen, versammeln **2**
concentrarse en *(refl)*	sich konzentrieren auf **2**
concernir *(tr)*	betreffen **19**
concluir *(tr/intr)*	(ab)schließen, folgern, zum Abschluß bringen, beenden **12**
concordar con *(intr)*	übereinstimmen mit **20**
condenar *(tr)*	verurteilen; verdammen, verwerfen; ablehnen, mißbilligen **2**
condensar *(tr)*	verdichten, zusammenfassen **2**
condimentar con *(tr)*	würzen mit **2**
condolerse *(refl)*	jdn beklagen, Anteil nehmen an **20**
***conducir** *(tr)*	führen, leiten, fahren, lenken, steuern **31**
conducirse *(refl)*	sich benehmen **31**
conectar *(tr)*	verbinden, einschalten, anschließen **2**
confeccionar *(tr)*	aufstellen *(Liste);* anfertigen *(Kleidung)* **2**
conferenciar *(intr)*	verhandeln, konferieren **2**
confesar *(tr)*	bekennen, zugestehen; beichten **19**
confiar en *(tr/intr)*	vertrauen, anvertrauen, s-e Hoffnung setzen auf **14**
confinar *(tr/intr)*	verbannen; grenzen **2**
confirmar *(tr)*	bestätigen, bekräftigen **2**
confiscar *(tr)*	beschlagnahmen **5**
conformarse a *(refl)*	einwilligen, sich schicken in **2**
conformarse con *(refl)*	sich fügen, sich einverstanden erklären mit **2**
confortar *(tr)*	trösten **2**
confrontar *(tr)*	gegenüberstellen, konfrontieren **2**
confundir *(tr)*	verwechseln, verwirren, durcheinander-bringen **4**
congelar(se) *(tr/refl)*	einfrieren, gefrieren **2**
congregar(se) *(tr/refl)*	(sich) versammeln **7**
conjurar *(tr)*	beschwören **2**
conmemorar *(tr)*	erinnern, in Erinnerung bringen **2**

***conocer** *(tr)*	kennen *(Person, Ort),* kennenlernen; erfahren, anerkennen; verkehren mit **32**
conquistar *(tr)*	erobern **2**
conseguir *(tr/intr)*	erreichen, zuwege bringen, erzielen; bekommen, erhalten **10, 24**
conservar *(tr)*	erhalten, bewahren, beibehalten **2**
considerar *(tr)*	erwägen, bedenken, betrachten, meinen, überdenken **2**
consistir en *(intr)*	bestehen aus **4**
consolar *(tr)*	trösten **20**
consolidar *(tr)*	(be)festigen, konsolidieren **2**
conspirar contra *(intr)*	sich verschwören gegen **2**
constar de *(intr)*	ersichtlich sein aus; bestehen aus **2**
consternar *(tr)*	bestürzen **2**
constituir *(tr)*	ausmachen, darstellen **12**
construir *(tr)*	bauen, errichten, herstellen **12**
consultar *(tr)*	um Rat fragen, zu Rate ziehen *(Arzt)* **2**
consumir *(tr)*	verbrauchen, verzehren **4**
contactar *(tr)*	Kontakt aufnehmen mit **2**
contagiar(se) *(tr/refl)*	anstecken, sich anstecken **2**
contaminar *(tr)*	verschmutzen, verunreinigen **2**
contar *(tr)*	zählen, berechnen; erzählen **20**
contar con *(intr)*	auf jdn rechnen, sich auf jdn verlassen
contemplar *(tr/intr)*	betrachten, beschauen, ansehen **2**
contener(se) *(tr/refl)*	enthalten, fassen; sich zurückhalten **54**
contentar *(tr)*	befriedigen, zufriedenstellen **2**
contestar *(tr)*	antworten, erwidern **2**
continuar *(tr/intr)*	fortsetzen, weitermachen **15**
contradecir *(tr)*	widersprechen **34**
contraer(se) *(tr/refl)*	zusammenziehen,

-schrumpfen; Vertrag schließen **55**

contrahacer *(tr)* nachmachen, fälschen **41**

contrastar *(tr)* im Gegensatz stehen zu; sich widersetzen **2**

contratar *(tr)* vertraglich vereinbaren; einstellen *(Person)* **2**

contravenir *(tr)* zuwiderhandeln **57**

contribuir *(tr)* beitragen **12**

controlar *(tr)* kontrollieren, überprüfen **2**

contundir *(tr)* (zer)quetschen **4**

convencer *(tr)* überzeugen; überführen **9**

convenir *(tr)* vereinbaren, übereinkommen; passen zu; behagen **57**

conversar *(tr/intr)* sich unterhalten **2**

convertir *(tr)* umwandeln; bekehren **22**

convertirse en *(refl)* sich verwandeln in **22**

convidar *(tr)* einladen, bewirten **2**

convivir *(intr)* zusammenleben **4**

convocar *(tr)* einberufen; laden **5**

cooperar *(intr)* mitwirken, zusammenarbeiten **2**

coordinar *(tr)* aufeinander abstimmen, koordinieren **2**

copiar *(tr)* abschreiben, vervielfältigen, ins reine schreiben **2**

coquetear *(intr)* flirten **2**

coronar *(tr)* krönen **2**

corregir *(tr)* verbessern, berichtigen; bestrafen **11, 24**

correr *(intr)* laufen, rennen; fließen **3**

corresponder *(intr)* übereinstimmen **3**

corroer(se) *(tr/refl)* korrodieren, rosten; verwittern **30**

corromper(se) *(tr/refl)* verwesen, verderben; korrumpieren **3**

cortar *(tr/intr)* schneiden, hacken, fällen, schlagen, mähen, scheren, zerschneiden; absperren, ausschalten; unterbrechen; ins Wort fallen **2**

cortejar *(tr)* jdm den Hof machen **2**

cosechar *(tr)* ernten **2**

coser *(tr)* nähen, heften **3**

cosquillear *(tr)* kitzeln **2**

costar *(tr)*	kosten **20**
crear *(tr)*	schaffen **2**
crecer *(intr)*	wachsen **32**
creer *(tr)*	glauben, meinen **13**
crepitar *(intr)*	prasseln, knistern **2**
criar *(tr)*	erziehen, aufziehen **14**
cristalizar *(tr)*	kristallisieren **6**
criticar *(tr)*	kritisieren **5**
croar *(intr)*	krächzen **2**
cronometrar *(tr)*	mit der Stoppuhr messen **2**
crucificar *(tr)*	kreuzigen **5**
crujir *(intr)*	krachen, knirschen **4**
cruzar *(tr)*	(durch)kreuzen, überqueren **6**
cuadrar *(tr)*	zum Quadrat erheben **2**
cuantificar *(tr)*	quantifizieren **5**
cubicar *(tr)*	in die dritte Potenz erheben; ausmessen **5**
cubrir *(tr)*	(ab)decken; *(Strecke)* zurücklegen **25**
cuchichear *(intr)*	flüstern **2**
cuestionar *(tr)*	vernehmen, befragen **2**
cuidar de *(tr)*	pflegen, versorgen, sorgen für **2**
culpar *(tr)*	beschuldigen **2**
cultivar *(tr)*	anbauen, bebauen, bestellen, züchten **2**
cumplir *(tr)*	durchführen, erfüllen, ausführen, erledigen, (*Wort*) halten **4**
curar *(tr)*	pflegen, heilen, behandeln **2**

D

***dar** *(tr)*	geben **33**
dar los naipes *(tr)*	Karten austeilen
dar a luz *(tr)*	gebären
dar cuerda a *(tr)*	aufziehen *(Uhr)*
dar de comer a *(tr)*	füttern
dar entrada a *(tr)*	einlassen
dar fruto *(intr)*	Früchte tragen
dar guerra a *(tr)*	jdm zu schaffen machen
dar gusto a *(tr)*	jdm Vergnügen bereiten
dar la bienvenida a *(tr)*	willkommen heißen
dar la hora *(intr)*	schlagen *(Stunde)*
dar las gracias a *(tr)*	danken, Dank sagen
dar marcha atrás *(intr)*	rückwärts fahren *(Auto)*

dar prisa a *(tr)*	sich beeilen, sich sputen
dar razón de *(tr)*	Rechenschaft ablegen
dar resultado(s) *(intr)*	Ergebnisse zeitigen, Erfolg haben
dar testimonio de *(tr)*	Zeugnis ablegen
dar un paso *(intr)*	einen Schritt machen
dar un puntapié a *(tr)*	einen Fußtritt geben
dar un salto mortal *(intr)*	einen Purzelbaum schlagen
dar una palmada *(tr)*	schlagen
dar voces *(intr)*	zurufen
dar vueltas *(intr)*	im Kreis gehen/fahren
darse cuenta de *(refl)*	feststellen
darse prisa *(refl)*	sich beeilen
datar de *(intr)*	zurückgehen auf **2**
deambular *(intr)*	hin und hergehen, schlendern **2**
debatir *(tr)*	debattieren, diskutieren **4**
deber *(tr)*	schulden **3**
deber *(intr)*	müssen, sollen, verpflichtet sein zu **3**
deber de *(intr)*	müssen *(logische Wahrscheinlichkeit, Vermutung)*
debilitar(se) *(tr/refl)*	schwächen, entkräften **2**
decaer *(intr)*	verfallen, nachlassen **30**
decepcionar *(tr)*	enttäuschen; hintergehen **2**
decidir *(tr)*	entscheiden **4**
decidirse *(refl)*	sich entschließen **4**
***decir** *(tr/intr)*	sagen, erzählen **34**
declarar *(tr/intr)*	erklären, bezeugen, anzeigen **2**
decorar *(tr)*	schmücken **2**
decretar *(tr)*	verordnen, verfügen **2**
dedicar *(tr)*	widmen **5**
dedicar(se) a *(tr/refl)*	sich etw widmen **5**
deducir *(tr)*	ab-, herleiten **31**
defender *(tr)*	beschützen, verteidigen, sich einsetzen **19**
definir *(tr)*	bestimmen, erklären, kennzeichnen **4**
deformar *(tr)*	entstellen, verformen **2**
defraudar *(tr)*	betrügen, veruntreuen, unterschlagen, täuschen **2**
degradar *(tr)*	entwürdigen **2**
dejar *(tr)*	lassen, verlassen, überlassen **2**

dejar caer *(tr)*	fallen lassen
dejar de lado *(tr)*	beiseite, dahingestellt sein lassen
dejar de *(intr)*	unterlassen, nicht tun
dejar entrar *(tr)*	einlassen
dejar pasar *(tr)*	durchlassen
dejar perplejo *(tr)*	bestürzen
dejar sin sentido a *(tr)*	bewußtlos schlagen
dejarse caer *(refl)*	sich hinfallen lassen **2**
delegar *(tr)*	delegieren, übertragen **7**
deleitar *(tr)*	ergötzen, Gefallen finden an **2**
deletrear *(tr)*	buchstabieren, entziffern **2**
delirar *(intr)*	fiebern, irrereden; toben **2**
demorar(se) *(tr/refl)*	aufhalten; verschieben **2**
demostrar *(tr)*	zeigen, beweisen, bezeugen **20**
denominar *(tr)*	(be)nennen, aufführen **2**
denunciar *(tr)*	ankündigen, anzeigen, verraten **2**
depender de *(intr)*	abhängig sein von, ankommen auf **3**
depositar *(tr)*	hinterlegen, deponieren; zur Bank bringen **2**
depreciar *(intr)*	entwerten, abwerten **2**
deprimir *(tr)*	herunterdrücken; deprimieren **4**
depurar *(tr)*	reinigen, bereinigen; Fehler beseitigen *(Computer)* **2**
derramar(se) *(tr/intr/refl)*	(ver)gießen, (ver)schütten; verbreiten; verschwenden **2**
derrapar *(intr)*	*(Auto)* schleudern, rutschen **2**
derretir(se) *(tr/intr/refl)*	tauen, schmelzen **24**
derribar *(tr)*	niederreißen, abbrechen **2**
derrochar *(tr)*	verschwenden **2**
derrotar *(tr)*	*(Feind)* schlagen, niederwerfen **2**
derrumbarse *(refl)*	herabstürzen, einstürzen **2**
desabotonar *(tr)*	aufknöpfen **2**
desabrochar *(tr)*	aufknöpfen, aufmachen **2**
desacoplar *(tr)*	loskoppeln, abkuppeln **2**

desactivar *(tr)*	entschärfen **2**
desafiar *(tr)*	herausfordern **14**
desagregarse *(refl)*	sich zersetzen, zerfallen **7**
desaguar *(tr)*	entwässern, trockenlegen **8**
desalentar *(tr)*	entmutigen **19**
desamarrar *(tr)*	ablegen, losmachen *(Schiff)* **2**
desamparar *(tr)*	verlassen; aufgeben **2**
desanimar *(tr)*	entmutigen **2**
desaparecer *(intr)*	(ver)schwinden, untertauchen **32**
desaprobar *(tr)*	mißbilligen **20**
desarmar *(tr/intr)*	entwaffnen, abrüsten, entschärfen **2**
desarrollar(se) *(tr/refl)*	entwickeln; ausarbeiten *(Thema)* **2**
desatar *(tr)*	losbinden, aufmachen **2**
desatascar *(tr)*	frei machen, frei bekommen **5**
desatender *(tr)*	außer acht lassen; vernachlässigen **19**
desayunar *(tr/intr)*	frühstücken **2**
desbloquear *(tr)*	freigeben *(Konto)* **2**
desbordar(se) *(intr/refl)*	überlaufen, überfließen **2**
descalzar(se) *(tr/refl)*	ausziehen *(Schuhe)* **6**
descansar *(tr/intr)*	ausruhen, sich erholen **2**
descargar *(tr/intr)*	ausladen, löschen; herunterladen *(Computer);* entladen; entlasten **7**
descascarar *(tr)*	schälen **2**
descender *(intr)*	herunter-, hinuntergehen/steigen; aussteigen; abstammen **19**
descifrar *(tr)*	entziffern; dechiffrieren **2**
descolgar *(tr)*	abnehmen *(Hörer),* aushängen; herunternehmen **7, 20**
descolorar *(intr)*	verblassen; entfärben **2**
descomponer(se) *(tr/refl)*	verderben, verwesen; die Fassung verlieren **47**
desconcertar *(tr)*	verwirren, aus der Fassung bringen **19**
desconectar *(tr)*	ab-, ausschalten **2**
desconfiar de *(intr)*	mißtrauen **14**

descongelar *(tr)*	entfrosten, auftauen, enteisen **2**
descontar *(tr)*	abziehen, diskontieren **20**
describir *(tr)*	beschreiben **37**
descubrir *(tr)*	entdecken, herausfinden, enthüllen, aufdecken, offenbaren **25**
descuidar *(tr)*	nicht beachten; vernachlässigen **2**
desdecir(se) *(tr/refl)*	zurücknehmen; im Widerspruch stehen zu **34**
desdeñar *(tr)*	geringschätzen **2**
desear *(tr)*	wünschen, begehren, ersehnen **2**
desechar *(tr)*	wegwerfen **2**
desembalar *(tr)*	auspacken **2**
desembarazarse de *(refl)*	sich freimachen von; aus dem Weg räumen **6**
desembarcar *(tr/intr)*	landen, aussteigen **5**
desembocar en *(intr)*	münden **5**
desembolsar *(tr)*	auszahlen **2**
desempolvar *(tr)*	ent-, ausstauben **2**
desenganchar *(tr)*	los-, aushaken; abhängen, abkuppeln **2**
desenredar *(tr)*	entwirren **2**
desenterrar *(tr)*	ausgraben; aufdecken **19**
desertar *(intr)*	desertieren **19**
desesperar *(intr)*	verzweifeln **2**
desfigurar *(tr)*	entstellen, unkenntlich machen **2**
desgarrar *(tr)*	zerreißen **2**
desguazar *(tr)*	verschrotten **2**
deshacer *(tr)*	auseinandernehmen, zerlegen; zerstören; auspacken *(Koffer)* **41**
deshacerse de *(refl)*	sich entledigen, jdn loswerden
deshelar *(tr)*	entfrosten, enteisen **19**
deshelar(se) *(tr/refl)*	(auf)tauen
desherbar *(tr)*	jäten **19**
desheredar *(tr)*	enterben **2**
deshollinar *(tr)*	fegen *(Schornstein)* **2**
designar *(tr)*	bezeichnen; ernennen; vorschlagen **2**
desilusionar *(tr)*	enttäuschen **2**
desinfectar *(tr)*	desinfizieren **2**

desinflar *(tr)* Luft herauslassen **2**
desintegrar(se) *(intr/refl)* auseinandergehen, zerfallen **2**
deslizarse *(intr)* gleiten, rutschen; sich heimlich davonschleichen **6**
deslumbrar *(tr)* blenden **2**
desmaquillarse *(refl)* abschminken **2**
desmayar(se) *(intr/refl)* verzagen; ohnmächtig werden **2**
desmentir *(tr)* abstreiten **22**
desmenuzar(se) *(intr/refl)* zerbröckeln; zerschneiden **6**
desmigajar(se) *(tr/refl)* zerkrümeln **2**
desmontar(se) *(tr/intr/refl)* abtragen, abbrechen, abbauen; absteigen **2**
desmoronarse *(refl)* einstürzen, zerfallen **2**
desnudar(se) *(tr/refl)* sich ausziehen, entkleiden, freimachen **2**
desobedecer *(tr/intr)* nicht gehorchen **32**
desobstruir *(tr)* freimachen; reinigen **12**
desoír *(tr)* absichtlich überhören, nicht beachten **44**
desollar *(tr)* abhäuten **20**
desorganizar *(tr)* stören, in Unordnung bringen **6**
despachar *(tr)* beenden; erledigen; abschicken **2**
desparramarse *(refl)* verstreuen **2**
despedir *(tr)* entlassen, kündigen **24**
despedir(se) *(tr/refl)* sich verabschieden, Abschied nehmen **24**
despegar *(tr/intr)* abheben, starten; trennen; ablösen **7**
despejar(se) *(tr/refl)* sich aufheitern, aufhellen, aufklären **2**
despellejar *(tr)* abhäuten **2**
despertar(se) *(tr/refl)* erwachen, wecken, aufwachen **19**
despilfarrar *(tr)* verschwenden, vergeuden **2**
desplazar *(tr)* verschieben, verlagern, verdrängen; verschleppen **6**
  desplazar hacia arriba *(intr)* vorrollen *(Bildschirminhalt)*
  desplazar hacia abajo *(intr)* zurückrollen *(Bildschirminhalt)*

desplegar *(tr)*	entfalten; auf dem Bildschirm anzeigen **7, 19**
despojar(se) de *(tr/refl)*	sich freimachen, ablegen **2**
despreciar *(tr)*	mißachten, geringschätzen **2**
destacar(se) *(tr/refl)*	betonen, unterstreichen; hervortreten, sich abheben; sich auszeichnen **5**
destapar *(tr)*	ab-, aufdecken *(Topf)* **2**
destellar *(intr)*	aufstrahlen, aufblitzen **2**
desterrar *(tr)*	verbannen **19**
destilar *(tr)*	destillieren **2**
destornillar *(tr)*	auf-, losschrauben **2**
destruir *(tr)*	zerstören, vernichten **12**
desvalorizar *(tr)*	ab-, entwerten **6**
desviar *(tr)*	umleiten; ablenken **14**
desviar(se) de *(refl)*	ausweichen, vom Weg abkommen, abbiegen **14**
detallar *(tr)*	einzeln anführen **2**
detectar *(tr)*	entdecken **2**
detener(se) *(tr/refl)*	verhaften, festnehmen; auf-, anhalten **54**
deteriorar *(intr)*	verschlechtern, verderben **2**
determinar *(tr)*	bestimmen, beschließen **2**
detestar *(tr)*	verabscheuen, hassen **2**
devaluar *(tr)*	abwerten **15**
devastar *(tr)*	verwüsten **2**
devolver *(tr)*	zurückgeben, -senden; zurückzahlen **20**
devolver a su sitio *(tr)*	an s-n Platz zurückstellen
devolverse *(refl)*	zurückgehen **20**
devorar *(tr)*	(ver)schlingen **2**
diagnosticar *(tr)*	diagnostizieren **5**
dibujar *(tr)*	zeichnen, malen **2**
dictar *(tr)*	diktieren, befehlen **2**
difamar *(tr)*	verleumden **2**
diferenciar *(tr)*	unterscheiden **2**
diferenciarse de *(refl)*	sich unterscheiden von **2**
diferir *(intr)*	verschieden sein, abweichen von **22**
dificultar *(tr)*	erschweren, behindern **2**
difundir *(tr)*	aus-, verbreiten **4**

digerir *(tr)*	verdauen **22**
dignarse *(refl)*	sich herablassen **2**
diluir *(tr)*	auflösen; verdünnen **12**
dimitir *(tr)*	s-n Amt niederlegen **4**
diputar *(tr)*	abordnen, delegieren **2**
dirigir *(tr)*	richten *(Brief);* lenken, leiten **11**
dirigirse a/hacia *(refl)*	sich wenden an *(Person);* sich begeben nach **11**
discernir *(tr)*	erkennen **19**
disciplinar *(tr)*	disziplinieren, maßregeln **2**
disculpar *(tr)*	entschuldigen, verzeihen **2**
disculparse *(refl)*	sich entschuldigen **2**
discutir *(tr/intr)*	erörtern, diskutieren, besprechen, debattieren **4**
diseminar *(tr)*	ausstreuen, verbreiten **2**
diseñar *(tr)*	entwerfen, planen, skizzieren **2**
disfrazar *(tr)*	verkleiden **6**
disfrutar de *(tr)*	genießen **2**
disgregarse *(refl)*	sich auflösen, zerfallen **7**
disimular *(tr)*	verheimlichen; vortäuschen **2**
dislocarse *(refl)*	verrenken; sich verschieben **5**
disminuir *(tr/intr)*	vermindern, verkleinern, herabsetzen, ermäßigen, nachlassen **12**
disolver(se) *(tr/refl)*	auflösen **20**
disparar *(tr/intr)*	feuern, schießen **2**
dispensar de *(tr)*	entbinden; lossprechen von; erlauben **2**
dispersar(se) *(tr/refl)*	aus-, zerstreuen **2**
disponer (de) *(tr/intr)*	ordnen; zur Verfügung haben **47**
disputar *(tr/intr)*	streiten, zanken; bestreiten **2**
***distinguir (de)** *(tr)*	unterscheiden, ausmachen, kennen **10**
distinguir entre *(tr)*	auseinanderhalten
distinguirse *(refl)*	sich auszeichnen, hervortun **10**
distraer *(tr)*	jdn zerstreuen, ablenken **55**

distribuir *(tr)*	verbreiten, austeilen, zuteilen, austragen **12**
disuadir *(tr)*	abbringen von, abraten **4**
divagar *(intr)*	abschweifen, vom Thema abkommen **7**
divertir *(tr)*	ablenken, zerstreuen, unterhalten **22**
divertirse *(refl)*	sich amüsieren, sich vergnügen, Spaß haben **22**
dividir *(tr)*	teilen, trennen; zerlegen **4**
divisar *(tr)*	wahrnehmen, erblicken, entdecken (können) **2**
divorciar(se) *(tr/refl)*	scheiden; sich scheiden lassen **2**
divulgar *(tr)*	verbreiten, ruchbar machen **2**
doblar(se) *(tr/refl)*	verdoppeln; falten, biegen, knicken; herunterbeugen **2**
doler *(tr/intr)*	weh tun, schmerzen **20**
domar *(tr)*	zähmen **2**
domesticar *(tr)*	zähmen, bändigen **5**
dominar *(tr)*	beherrschen; meistern *(Thema);* Aussicht beherrschen **2**
dominarse *(refl)*	sich beherrschen **2**
donar *(tr)*	spenden, stiften **2**
***dormir** *(intr)*	schlafen **23**
dormirse *(refl)*	einschlafen, einnicken **23**
drogar *(tr)*	betäuben *(mit Medikamenten)* **7**
drogarse *(refl)*	Drogen nehmen
duchar(se) *(tr/refl)*	duschen **2**
dudar *(tr/intr)*	zweifeln **2**
duplicar *(tr)*	verdoppeln; wiederholen **5**
durar *(tr/intr)*	dauern, währen **2**

E

echar *(tr)*	(hinaus)werfen; schleudern; wegschütten; ausstoßen **2**
echar al correo *(tr)*	zur Post bringen
echar de menos a *(tr)*	jdn vermissen
echar la culpa a *(tr)*	jdm die Schuld geben
echar un vistazo *(intr)*	e-n kurzen Blick werfen

echarse *(refl)*	sich hinlegen **2**
echarse atrás *(refl)*	zurückweichen, einen Rückzieher machen
economizar *(tr)*	sparsam wirtschaften **6**
editar *(tr)*	verlegen, herausgeben **2**
educar *(tr)*	erziehen, unterrichten **5**
efectuar *(tr)*	ausführen, zustande bringen **15**
ejecutar *(tr)*	ausüben, verrichten; vollstrecken; durchführen *(Computerprogramm)* **2**
ejercer *(tr)*	ausüben **9**
ejercitarse *(refl)*	sich üben, Übungen machen **2**
elaborar *(tr)*	ausarbeiten, anfertigen, herstellen **2**
electrificar *(tr)*	elektrifizieren **5**
electrizar *(tr)*	elektrisieren **6**
elegir *(tr)*	wählen, aussuchen **11**, **24**
elevar *(tr)*	(empor)heben, erhöhen **2**
eliminar *(tr)*	ausmerzen, beseitigen, entfernen **2**
elogiar *(tr)*	loben **2**
embarcar(se) en *(tr/refl)*	einschiffen, verladen **5**
embellecer *(tr)*	verschönern, schmücken **32**
embestir *(tr)*	anfallen, angreifen, anstürmen **24**
emborracharse *(refl)*	sich betrinken **2**
embotellar *(tr)*	in Flaschen füllen **2**
embromar *(tr)*	necken, verulken **2**
emigrar *(intr)*	auswandern **2**
emitir *(tr)*	ausstrahlen; senden; erlassen; abgeben **4**
emocionar *(tr)*	rühren, bewegen, ergreifen **2**
empapar *(tr)*	einweichen **2**
empapelar *(tr)*	in Papier einwickeln; tapezieren **2**
empaquetar *(tr)*	verpacken **2**
emparejar *(tr)*	paaren, zusammentun **2**
empastar *(tr)*	plombieren, füllen **2**
empatar *(intr)*	unentschieden enden **2**
empeorar *(intr)*	schlimmer werden **2**
empezar *(tr/intr)*	beginnen, anfangen **6**, **19**
emplazar *(tr)*	ansiedeln, als Standort wählen **6**

emplear *(tr)*	beschäftigen; benutzen **2**
empollar *(tr/intr)*	ausbrüten; büffeln, pauken **2**
empotrar *(tr)*	einmauern; einkeilen **2**
emprender *(tr)*	unternehmen, in Angriff nehmen **3**
empujar *(tr/intr)*	schieben; drücken *(Knopf);* stoßen; antreiben **2**
emulsionar *(tr)*	emulgieren **2**
enajenar *(tr)*	entfremden **2**
enamorar(se) de *(tr/refl)*	sich verlieben in **2**
encajonar *(tr)*	in e-e Kiste packen, legen **2**
encanecer *(intr)*	grau werden **32**
encantar *(tr)*	bezaubern, entzücken **2**
encararse con *(refl)*	jdm gegenübertreten **2**
encarcelar *(tr)*	einkerkern, ins Gefängnis werfen **2**
encargar *(tr)*	jdm etwas auftragen, jdn beauftragen; bestellen **7**
encauzar *(tr)*	regulieren *(Fluß);* kanalisieren **6**
encender(se) *(tr/refl)*	anzünden, anstecken; anmachen; entzünden, entflammen **19**
encerrar *(tr)*	einschließen, einsperren; **19**
enclavijar *(tr)*	zusammenklammern **2**
encoger(se) *(tr/refl)*	einschüchern; sich zusammenziehen, einlaufen **11**
encogerse de hombros *(refl)*	Achseln zucken
encontrar(se) *(tr/refl)*	finden; treffen; sich befinden **20**
encorvar(se) *(tr/refl)*	sich krümmen, sich bücken **2**
enderezar(se) *(tr/refl)*	gerade richten; sich aufrichten **6**
endosar *(tr)*	indossieren **2**
endulzar *(tr)*	süßen, zuckern **6**
endurecer(se) *(tr/refl)*	hart machen, härten **32**
enfadar(se) *(tr/refl)*	ärgern, erzürnen; böse werden **2**
enfermar(se) *(intr/refl)*	krank werden **2**
enfrascar *(tr)*	in Flaschen füllen **5**

enfrentarse con *(refl)*	jdm die Stirn bieten, gegenübertreten **2**
enfriar *(tr)*	abkühlen **14**
enfurecer *(tr)*	wütend machen **32**
enganchar *(tr)*	einhaken; anspannen *(Pferde)* **2**
engañar *(tr)*	hintergehen, täuschen **2**
engordar *(tr/intr)*	dick machen; dick werden **2**
engrasar *(tr)*	einfetten **2**
engullir *(tr)*	(ver)schlingen, fressen **16**
enhebrar *(tr)*	einfädeln **19**
enjabonar *(tr)*	einseifen **2**
enjaezar *(tr)*	anschirren **6**
enjuagar *(tr)*	ab-, ausspülen **7**
enjugar *(tr)*	(ab)wischen, (ab)trocknen **21**
enlazar *(tr)*	festbinden, verknüpfen **6**
enlazar con *(intr)*	Anschluß haben an
enloquecer *(tr)*	verrückt machen **32**
enlucir *(tr)*	verputzen **43**
enmarcar *(tr)*	rahmen **5**
enmendar *(tr)*	verbessern, berichtigen **19**
enmohecer(se) *(tr/refl)*	schimmeln, schimmlig werden **32**
ennegrecer(se) *(tr/refl)*	schwärzen, schwarz werden **32**
enojar(se) *(tr/refl)*	ärgern, erzürnen; in Zorn geraten, böse werden **2**
enriquecer *(tr)*	bereichern; verzieren **32**
enrollar *(tr)*	einrollen, aufrollen **2**
ensanchar *(tr)*	vergrößern, erweitern, ausdehnen **2**
ensartar *(tr)*	einfädeln, auffädeln **2**
ensayar *(tr)*	proben; versuchen, ausprobieren **2**
enseñar *(tr/intr)*	zeigen; lehren, unterrichten **2**
ensillar *(tr)*	satteln **2**
ensordecer *(tr)*	taub machen **32**
ensortijar *(tr)*	kräuseln, ringeln **2**
ensuciar(se) *(tr/refl)*	verschmutzen; schmutzig machen **2**
entender *(tr)*	verstehen **19**
enterrar *(tr)*	begraben **19**
entrampar *(tr)*	in e-e Falle locken **2**

entrar en *(tr/intr)*	hineingehen, beitreten **2**
entrar en un fichero *(tr)*	Zugriff nehmen *(Datei)*
entrar de paso *(intr)*	vorbeikommen
entrar violentamente *(intr)*	hereinstürzen
entreabrir *(tr)*	halb öffnen **25**
entregar *(tr)*	aushändigen, übergeben; abliefern; zustellen **7**
entregar(se) *(tr/refl)*	sich ergeben **7**
entregarse a *(refl)*	*(Laster)* verfallen **7**
entrenar *(tr)*	abrichten, schulen **2**
entrenarse *(refl)*	trainieren **2**
entretener *(tr)*	unterhalten **54**
entretenerse *(refl)*	sich vergnügen, die Zeit vertreiben **54**
entrever *(tr)*	flüchtig sehen **58**
entrevistar *(tr)*	interviewen, ausfragen **2**
entristecer *(tr)*	betrüben **32**
entusiasmar *(tr)*	begeistern, entzücken **2**
envasar *(tr)*	abfüllen, verpacken **2**
envejecer(se) *(tr/intr/refl)*	alt machen; alt werden **32**
envenenar *(tr)*	vergiften **2**
***enviar** *(tr)*	senden, schicken **14**
enviar por alguien *(tr)*	jdn holen lassen
enviar por correo *(tr)*	per Post senden
enviciarse con	süchtig werden **2**
envidiar *(tr)*	beneiden **2**
envilecer *(tr)*	erniedrigen **32**
envolver *(tr)*	einwickeln **20**
enyesar *(tr)*	(ein)gipsen **2**
equilibrar(se) *(tr/refl)*	ausgleichen; ins Gleichgewicht kommen **2**
equipar de *(tr)*	ausrüsten **2**
equiparar *(tr)*	vergleichen; gleichstellen **2**
equivocar *(tr)*	verwechseln **5**
equivocarse *(refl)*	sich irren, täuschen **5**
***erguirse** *(refl)*	sich aufrichten **35**
erigir *(tr)*	errichten; aufstellen; gründen **11**
erosionar *(tr)*	erodieren **2**
***errar** *(tr/intr)*	verfehlen; sich irren; sich verirren **36**
esbozar *(tr)*	entwerfen, skizzieren **6**
escabullirse *(refl)*	entschlüpfen, entweichen **16**
escalar *(tr)*	ersteigen, erklettern **2**

escapar(se) *(intr/refl)*	weglaufen; entrinnen, entkommen **2**
escardar *(tr)*	jäten **2**
esclarecer *(intr)*	aufhellen **32**
esclavizar *(tr)*	versklaven **6**
escocer *(tr)*	brennen, stechen; kränken, reizen **9, 20**
escoger *(tr)*	aussuchen, auswählen **11**
esconder(se) *(tr/refl)*	sich verstecken **3**
***escribir** *(tr)*	(auf)schreiben, niederschreiben, verfassen **37**
escribir a máquina *(tr)*	tippen
escribir solicitando algo *(intr)*	etw schriftlich anfordern
escuchar *(tr)*	zuhören **2**
escuchar clandestinamente *(tr)*	abhören (heimlich) **2**
escudriñar *(tr)*	auskundschaften; durchsuchen **2**
escupir *(intr)*	(aus)spucken **4**
escurrir *(tr)*	abropfen lassen; abfließen; ausdrücken *(Schwamm)* **4**
esforzarse (por) *(refl)*	sich bemühen, sich anstrengen **6, 20**
esgrimir *(intr)*	fechten **4**
esnifar *(tr)*	sniffen; schnüffeln **2**
espantar *(tr)*	erschrecken **2**
esparcir *(tr)*	ausstreuen, säen **9**
especificar *(tr)*	spezifizieren, genau angeben **5**
especializar(se) *(refl)*	sich spezialisieren **6**
especular *(tr/intr)*	spekulieren, handeln **2**
esperar *(tr/intr)*	(er)warten; hoffen **2**
espesar(se) *(tr/refl)*	(ver)dicken, dick werden **2**
espiar *(tr)*	ausspähen **14**
espumar *(intr)*	schäumen **2**
esquiar *(intr)*	Ski fahren **14**
esquilar *(tr)*	scheren, trimmen **2**
estabilizar(se) *(tr/refl)*	stabilisieren, sich normalisieren **6**
establecer *(tr)*	feststellen, bestimmen; gründen **32**
establecerse *(refl)*	sich niederlassen; sich selbständig machen **32**
estacionar *(tr)*	parken; abstellen **2**

estafar *(tr)*	betrügen, beschwindeln, veruntreuen **2**
estallar *(intr)*	zerplatzen, explodieren, knallen **2**
***estar** *(intr)*	sein, sich a e-m Ort befinden **38**
estar a favor de	für etwas sein
estar a punto de	soweit sein
estar a régimen	Diät machen
estar aburrido	sich langweilen
estar adelantado	vorgehen *(Uhr)*
estar amohinado	verdrießlich, ärgerlich sein
estar asustado	erschrocken sein
estar atrasado	nachgehen *(Uhr)*
estar ausente	fehlen
estar avergonzado	beschämt sein
estar bloqueado	blockiert sein
estar contento	sich freuen
estar de acuerdo	zustimmen; einig sein
estar de luto	trauern, Trauer tragen
estar descontento	unzufrieden sein
estar descortés con	unhöflich sein zu
estar desempleado	arbeitslos sein
estar emparentado con	verwandt sein mit
estar en contra de	gegen etw sein
estar en erupción	ausbrechen
estar enfadado	böse, ärgerlich sein
estar enojado	verärgert sein
estar equivocado	sich irren
estar estreñido	an Verstopfung leiden
estar fuera	nicht da sein
estar ilusionado	sich freuen auf
estar insatisfecho	unzufrieden sein
estar interesado en	interessiert sein an
estar mareado	seekrank sein
estar ocupado en	beschäftigt sein mit
estar parado	arbeitslos sein
estar plagado de	geplagt sein mit
estar separado	getrennt leben
estar situado	gelegen sein
estimar *(tr)*	veranschlagen; würdigen, schätzen, bewerten **2**
estirar(se) *(tr/refl)*	(aus)ziehen, strecken; anspannen; sich dehnen, sich strecken **2**
estorbar *(tr)*	stören, hindern **2**
estornudar *(intr)*	niesen **2**

estrangular *(tr)*	erdrosseln, erwürgen **2**
estrechar(se) *(tr/refl)*	verengen, enger werden; drücken, schütteln *(Hand)* **2**
estrellar *(tr)*	zerschlagen, zerschmettern **2**
estremecerse *(refl)*	(er)zittern, beben, schaudern **32**
estrenar *(tr)*	zum erstenmal aufführen, zeigen; zum erstenmal tragen *(Kleidung)* **2**
estropear *(tr)*	beschädigen, verderben, verletzen **2**
estructurar *(tr)*	gestalten, strukturieren **2**
estudiar *(tr/intr)*	studieren, lernen **2**
etiquetar *(tr)*	etikettieren **2**
evacuar *(tr)*	leeren, evakuieren **2**
evadir(se) *(tr/refl)*	(ent)fliehen, entkommen, sich drücken **4**
evaluar *(tr)*	(ab)schätzen, bewerten **15**
evitar *(tr)*	vermeiden **2**
evocar *(tr)*	beschwören **5**
evolucionar *(intr)*	sich fortentwickeln **2**
exagerar *(tr)*	übertreiben **2**
examinar *(tr)*	prüfen, untersuchen, durchsuchen, genau ansehen **2**
exasperar *(tr)*	zur Verzweiflung bringen **2**
excavar *(tr)*	ausgraben, aushöhlen **2**
exceder *(tr)*	übersteigen, überschreiten **3**
exceptuar *(tr)*	ausnehmen, -schließen **15**
excitar *(tr)*	anregen, erregen *(Gefühl, Interesse),* aufstacheln **2**
exclamar *(intr)*	(aus)rufen **2**
excluir (de) *(tr)*	ausschließen (von) **12**
exculpar *(tr)*	jdn entschuldigen; rechtfertigen **2**
exhalar *(tr)*	ausdünsten, ausatmen **2**
exhibir *(tr)*	ausstellen **4**
exigir *(tr)*	fordern, beanspruchen, verlangen, eintreiben **11**

	existir *(intr)*	bestehen, vorhanden sein **4**
	expedir *(tr)*	erledigen; (be)fördern, (ver)senden **24**
	experimentar *(tr)*	erfahren, erleben; fühlen; Versuche anstellen **2**
	expirar *(intr)*	ablaufen; sterben **2**
	explicar *(tr)*	erklären, auslegen **5**
	explorar *(tr)*	erforschen **2**
	explosionar *(intr)*	explodieren **2**
	explotar *(tr/intr)*	(an)bauen, bewirtschaften; ausbeuten; explodieren **2**
	exponer *(tr/intr)*	auslegen, erklären; ausstellen **47**
	exportar *(tr)*	exportieren **2**
	expresar *(tr)*	ausdrücken, -sprechen **2**
	exprimir *(tr)*	ausdrücken, -wringen **4**
	extender(se) *(tr/refl)*	strecken; (sich) ausdehnen, ausbreiten, erstrecken; erweitern, vergrößern; ausfertigen, *(Urkunde)* ausstellen *(Paß)* **19**
	extinguir *(tr)*	löschen **10**
	extraer *(tr)*	herausziehen, -nehmen **55**
	extrañar *(tr)*	befremden, erstaunen über **2**
	extraviarse *(refl)*	(sich) verirren **14**
F	**fabricar** *(tr)*	anfertigen, herstellen **5**
	facilitar *(tr)*	erleichtern; verschaffen, besorgen **2**
	facturar *(tr)*	ausstellen *(Rechnung);* aufgeben *(Gepäck)* **2**
	fallar *(intr)*	versagen; mißlingen **2**
	fallecer *(intr)*	sterben **32**
	falsificar *(tr)*	(ver)fälschen **5**
	faltar *(intr)*	fehlen, mangeln; ausbleiben; nötig sein **2**
	fascinar *(tr)*	faszinieren, fesseln **2**
	fastidiar *(tr)*	belästigen, plagen; jdm auf die Nerven gehen **2**
	fatigar(se) *(tr/refl)*	ermüden **7**
	favorecer *(tr)*	begünstigen **32**
	faxear *(tr)*	faxen **2**

felicitar *(tr)*	gratulieren; beglückwünschen **2**
fermentar *(tr/intr)*	vergären, fermentieren **2**
festejar *(tr)*	feiern, feierlich begehen **2**
fiarse de *(refl)*	trauen **14**
fichar *(tr/intr)*	karteimäßig erfassen, registrieren; *(bei Arbeitsbeginn/ -schluß)* stempeln **2**
fijar *(tr)*	befestigen, festmachen; festsetzen **2**
filmar *(tr)*	(ver)filmen **2**
filtrar(se) *(tr/refl)*	filtern, durchsickern **2**
financiar *(tr)*	finanzieren **2**
fingir *(tr/intr)*	ersinnen, vorgeben, -täuschen **11**
firmar *(tr)*	unterschreiben **2**
firmar el registro	sich eintragen
fletar *(tr)*	chartern *(Flugzeug, Schiff)* **2**
flirtear *(intr)*	flirten **2**
florecer *(intr)*	blühen, gedeihen **32**
flotar *(intr)*	treiben *(im Wasser);* schweben; flottmachen *(Schiff)* **2**
fluir *(intr)*	fließen, rinnen **12**
fondear *(intr)*	ankern **2**
forjar *(tr)*	schmieden; verfertigen; fälschen **2**
formar *(tr)*	bilden, formen, gestalten; ausbilden **2**
formatear *(tr)*	formatieren *(Computer)* **2**
fortalecer *(tr)*	stärken; ermutigen **32**
forzar *(tr)*	zwingen, nötigen; vergewaltigen **6, 20**
forzar una entrada *(intr)*	einbrechen
fotocopiar *(tr)*	fotokopieren **2**
fotografiar *(tr)*	fotografieren **14**
fracasar *(intr)*	scheitern, mißlingen **2**
fracturar(se) *(tr/refl)*	brechen *(Knochen)* **2**
franquear *(tr)*	freimachen, frankieren **2**
frecuentar *(tr)*	häufig besuchen, verkehren **2**
fregar *(tr)*	scheuern, spülen **7, 19**
***freír(se)** *(tr/refl)*	braten; vor Hitze umkommen **39**
frenar *(intr)*	bremsen **2**

	friccionar *(tr)*	(ab)reiben **2**
	frotar *(tr)*	frottieren **2**
	fruncir *(tr)*	runzeln *(Stirn)* **9**
	frustrar *(tr)*	vereiteln, zunichte machen **2**
	fugarse *(refl)*	fliehen **7**
	fumar *(tr/intr)*	rauchen **2**
	funcionar *(intr)*	gehen, funktionieren; Verrichtungen tun **2**
	fundar *(tr)*	gründen **2**
	fundir(se) *(tr/refl)*	schmelzen *(Erz);* durchbrennen *(Sicherung)* **4**
	fusionar *(tr)*	zusammenlegen; fusionieren **2**
	fusionar(se) *(tr/refl)*	verschmelzen, sich vereinigen **2**
G	**ganar** *(tr/intr)*	verdienen; gewinnen **2**
	gandulear *(intr)*	bummeln, faulenzen **2**
	garantizar *(tr)*	garantieren, zusichern **6**
	garrapatear *(intr)*	kritzeln **2**
	gastar *(tr)*	ausgeben *(Geld);* ver-, aufbrauchen **2**
	gemir *(intr)*	ächzen, stöhnen **24**
	generar *(tr)*	erzeugen, generieren **2**
	girar *(tr/intr)*	drehen, kreisen, rotieren; ausstellen *(Wechsel)* **2**
	girar hacia adelante *(tr)*	vordrehen
	girar hacia atrás *(tr)*	zurückdrehen
	gobernar *(tr/intr)*	regieren; steuern *(Schiff)* **19**
	golpear *(tr/intr)*	schlagen, stoßen, klopfen, pochen; treffen **2**
	gorjear *(intr)*	trillern, zwitschern **2**
	gotear *(intr)*	tropfen, tröpfeln **2**
	gozar *(tr/intr)*	genießen; sich amüsieren **6**
	grabar *(tr)*	gravieren; einspielen, auf Band aufnehmen; speichern *(Computer)* **2**
	graduarse *(refl)*	e-n akademischen Grad erwerben **15**
	granizar *(intr)*	hageln **6**
	grapar *(tr)*	heften **2**
	graznar *(intr)*	krächzen, quaken **2**

	gritar *(tr/intr)*	(aus)rufen, schreien **2**
	***gruñir** *(intr)*	brummen, grunzen **17**
	guardar *(tr)*	bewachen, aufpassen; bewahren, aufheben; verwahren; behalten; speichern *(Computer)* **2**
	guiar *(tr)*	führen, leiten **14**
	guiñar *(tr)*	zwinkern; blinzeln **2**
	gustar *(tr/intr)*	schmecken; gefallen, behagen **2**
H	***haber** *(tr/intr)*	haben *(Hilfsverb)* **40**
	hablar *(tr/intr)*	sprechen, reden **2**
	hablar claro *(intr)*	s-e Meinung sagen
	hablar mal de *(tr)*	schlecht von jdm reden
	***hacer** *(tr)*	tun, machen; jdn etw tun heißen, lassen **41**
	hacer abandonar una costumbre *(tr)*	jdm etw abgewöhnen
	hacer aparecer *(tr)*	heraufbeschwören
	hacer autostop *(intr)*	per Anhalter fahren, trampen
	hacer bricolaje *(intr)*	sich als Heimwerker betätigen
	hacer callar *(tr)*	zum Schweigen bringen
	hacer camping *(intr)*	campen, zelten
	hacer circular *(tr)*	in Umlauf setzen
	hacer cola *(intr)*	Schlange stehen, sich anstellen
	hacer compras *(intr)*	einkaufen
	hacer constar *(tr)*	feststellen, konstatieren; hinweisen auf
	hacer contrabando *(tr)*	schmuggeln
	hacer correr *(tr)*	rasen; um die Wette rennen
	hacer daño a *(tr)*	schaden
	hacer desaparecer *(tr)*	zum Verschwinden bringen
	hacer eco *(intr)*	widerhallen
	hacer el amor *(intr)*	sich lieben, miteinander schlafen
	hacer estallar *(tr)*	sprengen; auslösen
	hacer falta *(tr)*	fehlen; nötig sein
	hacer footing *(intr)*	joggen
	hacer frente a *(tr)*	die Stirn bieten, widerstehen; nachkommen *(e-r Verantwortung)*

hacer funcionar *(tr)*	in Betrieb setzen
hacer gala de *(tr)*	zur Schau tragen, angeben
hacer gimnasia *(intr)*	Gymnastik machen
hacer girar *(tr)*	drehen
hacer juegos de manos *(intr)*	zaubern
hacer las maletas	Koffer packen
hacer mal a *(tr)*	schaden; weh tun
hacer pasar *(tr)*	hereinbitten
hacer por turnos *(intr)*	sich abwechseln
hacer prisionero a *(tr)*	gefangennehmen
hacer proyectos *(intr)*	planen, Pläne schmieden
hacer punto *(intr)*	stricken
hacer perder el equilibrio	aus dem Gleichgewicht bringen
hacer rodar *(tr)*	rollen; in Gang bringen
hacer trampas *(intr)*	mogeln, schwindeln
hacer trasbordo *(intr)*	umsteigen *(Zug)*
hacer tropezar *(tr)*	zum Stolpern bringen
hacer un vídeo de *(tr)*	auf Video aufnehmen
hacer huelga *(intr)*	streiken
hacer una pausa *(tr)*	Pause machen
hacerse *(refl)*	werden, entstehen; sich gewöhnen an, sich versehen mit **41**
hacerse a la mar	in See stechen
hacerse hombre/mujer/mayor	erwachsen werden
hacer(se) amigos *(tr/refl)*	Freundschaft schließen
hacer(se) borroso *(tr/refl)*	unscharf werden
halagar *(tr)*	schmeicheln, schöntun **7**
helar(se) *(tr/refl)*	gefrieren, zufrieren, erstarren **19**
hender(se) *(tr/refl)*	sich spalten, Sprünge bekommen **19**
heredar *(tr/intr)*	erben **2**
herir *(tr)*	verwunden, verletzen; beschädigen **22**
herrar *(tr)*	beschlagen *(Pferd)* **19**
hervir *(tr/intr)*	sieden, kochen **22**
hesitar *(intr)*	zögern **2**
hilar *(tr)*	spinnen; anknüpfen **2**
hinchar *(tr)*	aufblasen; anschwellen **2**
hipotecar *(tr)*	(hypothekarisch) belasten **5**
hojear *(tr)*	(durch)blättern *(Buch)* **2**
hospedar *(tr)*	bewirten, beherbergen;

		unterbringen **2**
	hospedarse *(refl)*	absteigen, sich einquartieren **2**
	***huir** *(tr/intr)*	fliehen, davonlaufen **12**
	humedecer *(tr)*	an-, befeuchten **32**
	humillar *(tr)*	erniedrigen **2**
	hundir(se) *(tr/refl)*	versinken, untergehen; einfallen *(Mauer);* scheitern **4**
	hurgar *(tr)*	schüren, stochern **7**
	husmear *(tr)*	aufspüren; wittern **2**
I	**idealizar** *(tr)*	idealisieren **6**
	idear *(tr)*	ersinnen; vorhaben **2**
	identificar *(tr)*	identifizieren **5**
	ignorar *(tr)*	nicht wissen, nicht kennen **2**
	igualar *(tr/intr)*	gleichmachen, ausgleichen **2**
	iluminar *(tr)*	er-, beleuchten **2**
	ilustrar *(tr)*	illustrieren; er-, beleuchten; erläutern **2**
	imaginar(se) *(tr/refl)*	(sich) vorstellen, (sich) einbilden; (sich) (aus)denken **2**
	imitar *(tr)*	nachahmen, imitieren **2**
	impacientarse por *(refl)*	voller Sehnsucht sein nach; die Geduld verlieren **2**
	impedir *(tr)*	verhindern; erschweren; aufhalten; unmöglich machen **24**
	implicar *(tr)*	verwickeln; mit einschließen **5**
	imponer *(tr)*	auferlegen; zumuten **47**
	imponer contribuciones a	besteuern
	importar *(tr)*	importieren **2**
	importar *(intr)*	wichtig sein, bedeuten **2**
	importarle a uno	jdm wichtig sein; ankommen auf
	importunar *(tr)*	belästigen, aufdringlich sein **2**
	impresionar *(tr/intr)*	einprägen; beeindrucken **2**
	imprimir *(tr)*	(ab)drucken; auf-, verlegen *(Buch)* **4**
	impulsar *(tr)*	(an)treiben **2**

incapacitar *(tr)*	unfähig machen; für unfähig erklären **2**
incendiar(se) *(tr/refl)*	anzünden, in Brand stecken **2**
incinerar *(tr)*	einäschern, verbrennen **2**
incitar *(tr)*	reizen; antreiben; aufwiegeln **2**
inclinar(se) *(tr/refl)*	(sich) bücken, verbeugen; neigen; geneigt sein **2**
incluir *(tr)*	einschließen; einbeziehen **12**
incorporar(se) *(tr/refl)*	einverleiben; eingliedern; sich aufrichten; aufnehmen in **2**
indicar *(tr)*	anzeigen; angeben; weisen, zeigen **5**
indisponer(se) *(tr/refl)*	unfähig machen, krank machen; krank werden **47**
inducir *(tr)*	anstiften, verleiten **31**
infectar *(tr)*	anstecken **2**
inferir *(tr)*	folgern, schließen **22**
inflar *(tr)*	aufblasen; anschwellen **2**
influenciar *(tr)*	beeinflussen **2**
influir *(tr)*	beeinflussen, auf jdn einwirken **12**
informar(se) *(tr/refl)*	benachrichtigen; (sich) informieren, (sich) erkundigen **2**
infringir *(tr)*	übertreten *(Gesetz)*, zuwiderhandeln **11**
ingresar *(tr/intr)*	einzahlen; eintreten; eingeliefert werden **2**
inhalar *(tr)*	einatmen, inhalieren **2**
inicializar *(tr)*	initialisieren, booten *(Computer)* **6**
iniciar *(tr)*	einleiten; einweihen **2**
injertar *(tr)*	verpflanzen, einsetzen **2**
injuriar *(tr)*	beleidigen **2**
inmigrar *(intr)*	einwandern **2**
inmovilizar *(tr)*	festlegen; stillegen **6**
inmunizar *(tr)*	immunisieren **6**
inocular *(tr)*	impfen **2**
inquietar(se) *(tr/refl)*	beunruhigen, (sich) sorgen **2**
inscribir(se) *(tr/refl)*	(sich) einschreiben, eintragen **37**

insertar *(tr)*	einsetzen, einfügen **2**
insinuar *(tr)*	andeuten, zu verstehen geben **15**
insistir *(intr)*	dringen, bestehen auf **4**
inspeccionar *(tr)*	untersuchen, kontrollieren, überprüfen **2**
instalar(se) *(tr/refl)*	aufstellen, einbauen; sich niederlassen **2**
instar *(tr)*	nachdrücklich bitten, dringend auffordern **2**
instruir *(tr)*	unterrichten, anweisen **12**
insultar *(tr)*	beleidigen **2**
integrar *(tr)*	ausmachen, bilden; einfügen **2**
intensificar(se) *(tr/refl)*	intensivieren, verstärken **5**
intentar *(tr/intr)*	beabsichtigen, versuchen **2**
interesar *(tr)*	interessieren **2**
interpretar *(tr)*	auslegen, erklären; darstellen *(Rolle);* dolmetschen **2**
interrogar *(tr)*	ausfragen; verhören **7**
interrumpir *(tr)*	unterbrechen; stören; ausschalten **4**
intervenir *(tr/intr)*	(sich) einmischen; eingreifen **57**
intimidar *(tr)*	einschüchtern **2**
intoxicar *(tr)*	vergiften **5**
intrigar *(tr/intr)*	faszinieren; intrigieren **7**
introducir *(tr)*	einführen; eröffnen; eingeben *(Computer)* **31**
inundar *(tr)*	überschwemmen **2**
inventar *(tr)*	erfinden; ausdenken *(Lüge)* **2**
invertir *(tr)*	umdrehen, umkehren; anlegen, investieren **22**
investigar *(tr)*	untersuchen, prüfen; (nach)forschen **7**
invitar *(tr)*	einladen, auffordern **2**
involucrar *(tr)*	verwickeln; einflechten **2**
inyectar *(tr)*	einspritzen, injizieren **2**
ionizar *(tr)*	ionisieren **6**
***ir** *(intr)*	gehen **42**
ir a	im Begriff sein etw zu tun
ir a bordo *(intr)*	an Bord gehen
ir a buscar	holen

	ir a caballo *(intr)*	reiten
	ir bien *(intr)*	stehen, passen *(Kleidung)*
	ir de compras *(intr)*	einkaufen gehen
	ir de excursión *(intr)*	einen Ausflug machen
	ir de prisa *(intr)*	eilen, (sich) beeilen
	ir de tiendas *(intr)*	einkaufen gehen
	ir en bicicleta *(intr)*	radfahren
	ir más despacio *(intr)*	langsamer machen/fahren/gehen
	irse *(refl)*	weggehen, abreisen **42**
	irse volando *(refl)*	schnell weggehen, davonsausen
	irritar *(tr)*	(auf)reizen; erbittern **2**
J	**jabonar** *(tr)*	(ein)seifen **2**
	jactarse de *(refl)*	(sich) brüsten mit, prahlen **2**
	jadear *(intr)*	keuchen, schnaufen **2**
	jubilar(se) *(tr/refl)*	(sich) pensionieren lassen; in den Ruhestand treten **2**
	***jugar (a)** *(intr)*	spielen; einsetzen; aufs Spiel setzen **21**
	jugar el papel de *(intr)*	e-e Rolle spielen *(Theater)*
	juntar(se) *(tr/refl)*	verbinden, vereinigen, (zusammen)fügen **2**
	jurar *(tr/intr)*	schwören, Eid leisten **2**
	justificar *(tr)*	rechtfertigen, entschuldigen; berechtigen **5**
	juzgar *(tr)*	richten, (be)urteilen; meinen, glauben **7**
	juzgar mal *(tr)*	falsch einschätzen, beurteilen
L	**labrar** *(tr)*	bestellen, ackern, pflügen **2**
	ladear *(tr)*	zur Seite neigen *(Kopf)* **2**
	ladrar *(intr)*	bellen **2**
	lamentar *(tr/intr)*	(be)klagen, beweinen, bedauern **2**
	lamer *(tr)*	lecken **4**
	languidecer *(intr)*	schmachten, dahinsiechen **32**
	lanzar *(tr)*	werfen, schleudern; einführen **6**

lanzarse *(refl)*	(sich) stürzen in, auf; (sich) bekannt machen *(Künstler)* **6**
largar(se) *(tr/refl)*	loslassen; sich davonmachen **7**
lastimar *(tr)*	verletzen; schaden **2**
latir *(intr)*	schlagen, klopfen *(Herz)* **4**
***lavar(se)** *(tr/refl)*	(sich) waschen **1**
***leer** *(tr/intr)*	lesen **13**
leer en voz alta *(tr)*	laut lesen
legalizar *(tr)*	legalieren, amtlich beglaubigen **6**
legar *(tr)*	vermachen, vererben **7**
legitimar *(tr)*	für gesetzmäßig erklären, beglaubigen; als ehelich anerkennen **2**
levantar *(tr)*	(auf)heben, erhöhen; errichten **2**
levantar los ojos	auf-, hochsehen
levantarse *(refl)*	aufstehen, (sich) erheben **2**
liar *(tr)*	fest-, zusammenbinden **14**
libertar *(tr)*	befreien **2**
librar(se) de *(tr/refl)*	(sich) befreien von, entledigen **2**
licenciar *(tr)*	erlauben, Genehmigung/ Lizenz erteilen **2**
licitar *(tr)*	bieten *(Auktion)* **2**
lijar *(tr)*	schmirgeln **2**
limar *(tr)*	(ab)feilen **2**
limitar (con) *(tr/intr)*	begrenzen; einschränken; grenzen an **2**
limpiar *(tr)*	reinigen, putzen; fegen; abstauben **2**
lindar con *(intr)*	angrenzen an **2**
liquidar(se) *(tr/refl)*	flüssig machen; abrechnen; ausverkaufen; liquidieren **2**
lisonjear *(tr)*	schmeicheln **2**
llamar *(tr)*	(an)rufen, benennen; bezeichnen; wecken; holen **2**
llamar a *(intr)*	anklopfen, läuten, klingeln
llamar a filas *(tr)*	einberufen

llamar por teléfono *(tr)*	anrufen, telefonieren
llamear *(intr)*	flammen, lodern **2**
llegar (a) *(intr)*	ankommen, eingehen; kommen *(Gelegenheit);* reichen bis **7**
llegar tarde	spät kommen
llenar *(tr)*	(aus)füllen; vollstopfen; erfüllen **2**
llevar *(tr)*	tragen; bringen; befördern; leiten, lenken; *(Geschäfte)* führen **2**
llevar a cabo *(tr)*	durch-, ausführen
llevar la batuta *(intr)*	dirigieren *(Orchester);* das Regiment führen
llevar la delantera *(intr)*	vorangehen, führen
llevarse *(refl)*	mit-, wegnehmen; entkommen mit **2**
llevarse bien con *(refl)*	(sich) gut vertragen mit, gut auskommen mit
llorar *(tr/intr)*	(be)weinen, klagen **2**
llover *(intr)*	regnen **20**
lloviznar *(intr)*	nieseln **2**
lograr *(tr)*	erlangen, erreichen, durchsetzen **2**
lubricar *(tr)*	schmieren, einfetten **5**
lubrificar *(tr)*	schmieren, (ein)ölen **5**
luchar *(intr)*	kämpfen, streiten, ringen **2**
***lucir(se)** *(tr/intr/refl)*	leuchten; zur Schau stellen **43**

M

machacar *(tr/intr)*	zerstampfen; pauken **5**
madurar *(tr/intr)*	reifen **2**
magnetizar *(tr)*	magnetisieren **6**
maldecir (de) *(tr/intr)*	verfluchen, verdammen **28**
malear(se) *(tr/refl)*	verderben; sauer werden *(Wein)* **2**
malgastar *(tr)*	verschwenden, vergeuden **2**
malinterpretar *(tr)*	falsch auslegen **2**
malparir *(intr)*	e-e Fehlgeburt haben **4**
maltratar *(tr)*	mißhandeln; heruntermachen **2**
malversar *(tr)*	veruntreuen, unterschlagen **2**
mamar *(tr)*	säugen, stillen **2**

manar *(intr)*	fließen, rinnen, ausströmen **2**
manchar(se) *(tr/refl)*	beflecken, (sich) beschmutzen **2**
mandar *(tr)*	befehlen, anordnen; bestellen; entsenden **2**
mandar por correo *(tr)*	per Post senden
manejar *(tr)*	handhaben, bedienen; fahren *(Auto);* verarbeiten *(Daten)* **2**
manifestar *(tr)*	bekanntmachen; äußern **19**
manosear *(tr)*	betasten, befühlen **2**
mantener *(tr)*	halten, stützen; instandhalten, warten; unterhalten **54**
mantenerse alejado *(refl)*	wegbleiben
mantenerse firme *(refl)*	nicht nachgeben
maquillar(se) *(tr/refl)*	(sich) schminken **2**
marcar *(tr)*	wählen *(Telefon);* kennzeichnen **5**
marchar *(intr)*	marschieren; gehen, funktionieren **2**
marcharse *(intr)*	weggehen; abreisen **2**
marchitar(se) *(tr/intr/refl)*	verwelken, erschlaffen **2**
marearse *(refl)*	seekrank, schwindlig, übel werden **2**
marginar *(tr)*	ausgrenzen **2**
martillar *(tr)*	hämmern **2**
masacrar *(tr)*	massakrieren **2**
mascar *(tr)*	kauen **5**
masticar *(tr)*	kauen **5**
matar *(tr)*	töten, ermorden, schlachten **2**
matricular(se) *(tr/refl)*	(sich) einschreiben, immatrikulieren **2**
maullar *(intr)*	miauen **2**
mecer(se) *(tr/refl)*	wiegen, schaukeln **9**
medir *(tr/intr)*	messen; abwägen **24**
meditar *(tr/intr)*	überlegen; meditieren; nachdenken **2**
mejorar(se) *(tr/intr/refl)*	verbessern; besser werden; gesund werden **2**
mencionar *(tr)*	erwähnen; anführen **2**
mendigar *(tr/intr)*	(er)betteln **7**
menear(se) *(tr/refl)*	(hin und her) bewegen; eilen **2**

menospreciar *(tr)*	geringschätzen, verachten **2**
mentir *(intr)*	lügen **22**
mercadear *(tr/intr)*	vermarkten; handeln **2**
merecer *(tr)*	verdienen *(Lob, Tadel)* **32**
meter *(tr)*	hineinbringen, -legen, -tun **3**
mezclar *(tr)*	mischen, vermengen **2**
mimar *(tr)*	verwöhnen **2**
mirar *(tr/intr)*	betrachten, ansehen, beobachten **2**
mirar fijamente *(tr)*	starren, anstarren
mirar furtivamente *(tr)*	verstohlen gucken
modelar *(tr)*	modellieren, gestalten **2**
moderar *(tr)*	verlangsamen, drosseln **2**
modernizar *(tr)*	modernisieren, aktualisieren **6**
modificar *(tr)*	(ab-, um)ändern **5**
mojar *(tr)*	befeuchten; einweichen, -tauchen **2**
moldear *(tr)*	modellieren, formen **2**
moler *(tr)*	mahlen, zerreiben **20**
molestar *(tr)*	belästigen, stören, ärgern **2**
molestar(se) *(tr/refl)*	(sich) Mühe, Umstände machen **2**
mondar *(tr)*	schälen *(Obst),* schneiden *(Bäume)* **2**
monopolizar *(tr)*	monopolisieren, (für sich) in Anspruch nehmen **6**
montar *(tr)*	besteigen; montieren, aufstellen **2**
montar (en) *(tr/intr)*	fahren *(Auto)*
montar a caballo *(intr)*	reiten
morder *(tr/intr)*	beißen **20**
mordiscar *(tr/intr)*	knabbern **5**
morir *(intr)*	sterben **23**
morir de hambre *(intr)*	verhungern
mortificar *(tr)*	kränken, demütigen **5**
mostrar *(tr)*	zeigen **20**
motivar *(tr)*	motivieren; erklären; verursachen **2**
mover(se) *(tr/refl)*	(sich) bewegen, rühren **20**
mudar(se) de *(tr)*	ändern, (sich) verändern; *(Federn, Haare)* verlieren; umziehen, Wohnung wechseln **2**

	multar *(tr)*	mit e-r Geldstrafe belegen **2**
	multiplicar(se) *(tr/refl)*	multiplizieren, vermehren **5**
	murmurar *(intr)*	murmeln **2**
	mutilar *(tr)*	verstümmeln, verunstalten **2**
N	**nacer** *(intr)*	geboren werden **32**
	nadar *(intr)*	schwimmen **2**
	narrar *(tr)*	erzählen, berichten **2**
	naufragar *(intr)*	Schiffbruch erleiden; scheitern **7**
	navegar *(tr/intr)*	segeln, navigieren; zur See fahren; **7**
	necesitar *(tr)*	brauchen, benötigen **2**
	negar *(tr)*	leugnen, bestreiten **7, 19**
	negociar con *(tr/intr)*	verhandeln; Handel treiben **2**
	neutralizar *(tr)*	neutralisieren **6**
	nevar *(intr)*	schneien **19**
	nombrar *(tr)*	ernennen; einstellen; beauftragen; bestellen **2**
	normalizar *(tr)*	normalisieren; standardisieren, vereinheitlichen **6**
	notar *(tr)*	notieren; vermerken, feststellen **2**
	nublarse *(refl)*	(sich) bewölken **2**
	nutrir *(tr)*	ernähren **4**
O	**obedecer** *(tr)*	gehorchen **32**
	obligar a *(tr)*	zwingen, verpflichten, nötigen **7**
	obrar *(intr)*	handeln) **2**
	obsequiar *(tr)*	beschenken; ehren **2**
	observar *(tr)*	beobachten, betrachten, wahrnehmen, bemerken **2**
	obstruir *(tr)*	versperren, behindern **12**
	obtener *(tr)*	erlangen, erwerben, bekommen **54**
	ocasionar *(tr)*	verursachen, zur Folge haben **2**

ocultar(se) *(tr/refl)*	sich verstecken, verbergen **2**
ocupar *(tr)*	bewohnen; *(Platz)* einnehmen; beschäftigen; *(Amt)* bekleiden **2**
ocuparse de *(refl)*	(sich) befassen mit; (sich) kümmern um **2**
ocuparse en *(refl)*	(sich) beschäftigen mit **2**
ocurrir *(intr)*	(sich) ereignen, geschehen **4**
ocurrírsele a uno	auf e-n Gedanken kommen
odiar *(tr)*	hassen **2**
ofender *(tr)*	beleidigen; kränken **3**
ofrecer *(tr)*	anbieten; überreichen **32**
***oír** *(tr/intr)*	hören **44**
***oler** *(tr/intr)*	riechen, wittern **45**
olfatear *(tr)*	beriechen, beschnuppern **2**
olvidar *(tr)*	vergessen; übergehen **2**
omitir *(tr)*	unterlassen, versäumen **4**
ondular *(tr/intr)*	kräuseln *(Haare);* (sich) winden *(Weg)* **2**
operar *(tr/intr)*	operieren **2**
opinar *(intr)*	meinen, glauben **2**
oponer(se) a *(tr/refl)*	einwenden; Widerstand leisten **47**
optar por *(intr)*	(sich) entscheiden für **2**
orar *(intr)*	beten **2**
orbitar *(tr/intr)*	umkreisen *(Erde)* **2**
ordenar *(tr)*	ordnen; regeln; befehlen; verfügen **2**
ordeñar *(tr)*	melken **2**
organizar *(tr)*	organisieren, ordnen, planen **6**
orinar *(intr)*	urinieren, Wasser lassen **2**
osar *(intr)*	wagen **2**
oscilar (entre) *(intr)*	schwanken (zwischen); pendeln **2**
oscurecer *(intr)*	dunkel werden **32**
ostentar *(tr)*	zur Schau stellen, prahlen **2**
otorgar *(tr)*	verleihen *(Preis);* bewilligen, gewähren **7**
oxidar(se) *(tr/refl)*	oxidieren, rosten **2**

P

pacer *(tr/intr)*	(ab)grasen **32**
padecer de *(tr/intr)*	leiden an **32**
padecer hambre *(intr)*	Hunger leiden
***pagar** *(tr/intr)*	(be)zahlen **7**
pagar un depósito	Anzahlung machen, Kaution leisten
pagar y marcharse	abreisen, die Hotelrechnung bezahlen
palidecer *(intr)*	blaß werden **32**
palpar *(tr)*	fühlen, betasten **2**
palpitar *(intr)*	klopfen, schlagen, pochen *(Herz)* **2**
paralizar *(tr)*	lähmen **6**
parar(se) *(tr/refl)*	anhalten; stehenbleiben; abstellen *(Maschine)* **2**
parecer *(intr)*	scheinen; aussehen (wie) **32**
parecerse a *(refl)*	jdm ähnlich sehen, gleichen **32**
parpadear *(intr)*	blinzeln, zwinkern; flimmern **2**
participar *(tr/intr)*	mitteilen, melden; teilnehmen **2**
partir *(intr)*	abreisen, weggehen; ausgehen **4**
partir en dos *(tr)*	zweiteilen
partir por la mitad *(tr)*	halbieren
partir(se) *(tr/refl)*	spalten; abteilen **4**
pasar *(tr/intr)*	verbringen *(Zeit);* überqueren **2**
pasar por *(intr)*	durchkommen; hindurchgehen; gehalten werden für
pasar cerca de *(intr)*	in der Nähe vorbeikommen
pasar de largo *(intr)*	umleiten, um etw herumführen
pasar de moda *(intr)*	unmodern werden
pasar hambre *(intr)*	Hunger leiden
pasar inadvertido *(intr)*	unbeachtet lassen, übergehen; nicht beachtet werden, nicht auffallen
pasar la aspiradora *(tr)*	staubsaugen
pasar la noche *(intr)*	übernachten
pasar por una criba *(tr)*	(aus)sieben; genauestens überprüfen
pasarse sin *(refl)*	sich behelfen ohne,

	entbehren **2**
pasear(se) *(tr/intr/refl)*	spazierengehen, schlendern **2**
pasmar *(tr)*	betäuben, verblüffen **2**
pastar *(tr/intr)*	grasen **2**
patear *(tr/intr)*	trampeln, mit Füßen treten **2**
patentar *(tr)*	patentieren (lassen) **2**
patinar *(intr)*	Schlittschuh/Rollschuh laufen **2**
pavimentar *(tr)*	pflastern **2**
pecar *(intr)*	sündigen **5**
pedalear *(intr)*	Pedale treten, radeln **2**
***pedir** *(tr)*	verlangen, bitten, begehren; bestellen **24**
pedir perdón *(intr)*	um Verzeihung bitten
pedir prestado *(tr)*	entleihen, borgen
pegar *(tr)*	kleben; schlagen **7**
pegarse a *(refl)*	hängen, haften bleiben, kleben **7**
peinar *(tr)*	kämmen **2**
pelar *(tr)*	schälen **2**
pelearse *(refl)*	streiten, kämpfen, zanken **2**
pellizcar *(tr)*	kneifen, zwicken **5**
pender *(intr)*	hängen **3**
penetrar *(tr)*	durchdringen; durchschauen **2**
***pensar** *(tr/intr)*	denken, meinen; beabsichtigen **19**
pensar en *(intr)*	denken an
pensionar *(tr)*	in den Ruhestand versetzen **2**
percibir *(tr)*	wahrnehmen, bemerken; empfinden **4**
perder *(tr/intr)*	verlieren **19**
perder el conocimiento *(intr)*	ohnmächtig werden
perder el tiempo *(intr)*	Zeit verlieren, trödeln
perder la paciencia *(intr)*	Geduld verlieren
perderse *(refl)*	sich verirren **19**
perdonar *(tr)*	vergeben; begnadigen **2**
perdurar *(intr)*	dauern, bestehen bleiben **2**
perecer *(intr)*	vergehen, zugrunde gehen **32**
perfeccionar(se) tr/refl)	vervollkommnen; verbessern **2**

perfilar *(tr)*	umreißen **2**
perforar *(tr)*	durchbohren, durchlöchern **2**
perfumar *(tr)*	parfümieren **2**
perjudicar *(tr)*	beschädigen; schaden; beeinträchtigen **5**
permanecer *(intr)*	bleiben, (sich) aufhalten **32**
permitir *(tr)*	erlauben, gestatten, zulassen **4**
pernoctar *(intr)*	übernachten **2**
perpetuar *(tr)*	verewigen; aufrecht erhalten **15**
perseguir *(tr/intr)*	verfolgen, nachsetzen; belästigen **10**
persistir *(intr)*	bestehen auf, verharren; fortdauern **4**
persuadir *(tr)*	überzeugen **4**
pertenecer *(intr)*	gehören **32**
perturbar *(tr)*	stören, beunruhigen **2**
pesar *(tr/intr)*	wiegen **2**
pescar *(tr/intr)*	fischen, angeln **5**
pestañear *(intr)*	blinzeln, zwinkern **2**
picar *(tr)*	stechen, brennen, jucken; hacken *(Fleisch)* **5**
picotear *(tr/intr)*	(mit dem Schnabel) picken; hacken **2**
pillar *(tr)*	plündern; wegnehmen; ertappen **2**
pilotar *(tr)*	lotsen; fliegen *(Flugzeug)* **2**
pinchar *(tr)*	stechen **2**
pintar *(tr/intr)*	malen; streichen; darstellen **2**
pisar *(tr/intr)*	(mit den Füßen) treten **2**
pisotear *(tr)*	niedertreten, zertrampeln **2**
planchar *(tr)*	bügeln **2**
planear *(tr/intr)*	schweben, gleiten; vorhaben, planen **2**
planificar *(tr)*	planen **5**
plantar *(tr)*	pflanzen **2**
platear *(tr)*	(ver)silbern **2**
platicar *(intr)*	(sich) unterhalten, plaudern **5**
plegar(se) *(tr/refl)*	falten, zusammenlegen; zerknittern **7, 19**
plisar *(tr)*	plissieren, fälteln
podar *(tr)*	beschneiden *(Bäume)* **2**

***poder** *(intr)*	in der Lage sein, können, dürfen **46**
poder con *(intr)*	fertigwerden mit
polucionar *(tr)*	verschmutzen **2**
polvorear *(tr)*	pudern, zu Pulver machen **2**
***poner** *(tr)*	setzen, stellen, legen; einschalten **47**
poner a flotar *(tr)*	schwimmen lassen
poner al revés *(tr)*	verkehrt stellen
poner del revés	auf den Kopf stellen
poner en libertad *(tr)*	freisetzen
poner en obra *(tr)*	ausführen
poner en orden *(tr)*	in Ordnung bringen; aufräumen
poner en una lista *(tr)*	auflisten
poner guarniciones a *(tr)*	anschirren
poner huevos *(tr)*	Eier legen
poner la mesa	Tisch decken
poner las esposas a *(tr)*	Handschellen anlegen
poner más fuerte *(tr)*	aufdrehen *(Ton)*
poner una llamada	ein Gespräch durchstellen
ponerse *(refl)*	werden *(mit Adj. z.B. böse werden);* etw anziehen **47**
ponerse de acuerdo	zustimmen
ponerse de pie de un salto	aufspringen
ponerse de pie	aufstehen
ponerse de rodillas	niederknien
ponerse en camino	sich auf den Weg machen, abreisen
ponerse enfermo	krank werden
ponerse nervioso	nervös werden, sich aufregen
poner(se) moreno *(tr/refl)*	braun werden
portarse *(refl)*	(sich) benehmen **2**
poseer *(tr)*	besitzen **13**
posponer *(tr)*	verschieben **47**
potenciar *(tr)*	potenzieren; aufwerten **2**
practicar *(tr/intr)*	ausüben, verrichten **5**
precipitar(se) *(tr/refl)*	beschleunigen, eilen; (sich) stürzen, beeilen **2**
precisar *(tr)*	genau angeben; brauchen **2**
predecir *(tr)*	vorhersagen **34**
predicar *(tr/intr)*	predigen **5**
preferir *(tr)*	vorziehen **22**
preguntar *(tr)*	fragen, aus-, abfragen **2**

preguntar por	fragen nach
preguntarse *(refl)*	sich fragen **2**
prender *(tr)*	nehmen; ergreifen; anzünden *(Licht)* **3**
prender con un alfiler *(tr)*	feststecken *(mit e-r Stecknadel)*
preocuparse por *(refl)*	(sich) sorgen, kümmern um **2**
preparar(se) *(tr/refl)*	vor-, zubereiten; sich gefaßt machen auf **2**
prescindir de *(tr)*	ohne etw auskommen, verzichten; entbehren **4**
presenciar *(tr)*	Augenzeuge sein von; erleben **2**
presentar *(tr)*	vorstellen, einführen; einreichen; vorzeigen **2**
presentarse a *(refl)*	(sich) vorstellen, bewerben; erscheinen
presentarse para *(refl)*	(sich) anmelden für, eine Prüfung für etw machen
preservar *(tr)*	bewahren, schützen **2**
presidir *(tr/intr)*	den Vorsitz führen **4**
presionar *(tr/intr)*	Druck ausüben; hinunterdrücken **2**
prestar *(tr)*	leihen **2**
prestar atención *(intr)*	Aufmerksam schenken, beachten
presupuestar *(tr)*	einplanen *(Haushalt)* **2**
pretender *(tr)*	beanspruchen; verlangen; streben nach **3**
prevenir *(tr)*	vorbeugen, verhüten; warnen **57**
prever *(tr)*	voraussehen, -sagen **58**
privar de *(tr)*	entziehen, berauben; aberkennen **2**
privar de comida *(tr)*	hungern lassen
privatizar *(tr)*	privatisieren **6**
probar(se) *(tr/intr/refl)*	an-, ausprobieren; versuchen; erproben; beweisen **20**
proceder de *(intr)*	herkommen, abstammen von; fortfahren, vorgehen **3**
procesar *(tr)*	gerichtlich verfolgen, prozessieren; Text verarbeiten **2**
procrear *(tr)*	zeugen, fortpflanzen **2**

producir *(tr)*	erzeugen, herstellen **31**
profundizar *(tr/intr)*	vertiefen **6**
programar *(tr)*	programmieren **2**
progresar *(intr)*	Fortschritte machen; sich entwickeln **2**
prohibir *(tr)*	verbieten **15**
prolongar *(tr)*	verlängern, ausdehnen **7**
prometer *(tr)*	versprechen **3**
prometerse *(refl)*	(sich) verloben **3**
promocionar *(tr)*	fördern **2**
promover *(tr)*	befördern **20**
pronosticar *(tr)*	vorhersagen, Prognose stellen **5**
pronunciar *(tr)*	aussprechen; *(Urteil)* fällen **2**
pronunciar un discurso *(tr)*	Rede halten
propagar *(tr)*	vermehren, verbreiten **7**
proponer(se) *(tr/refl)*	vorschlagen; (sich) vornehmen, entschließen zu **47**
proporcionar *(tr)*	verschaffen; liefern, gewähren **2**
prorratear *(tr)*	im Verhältnis aufteilen **2**
proseguir *(tr/intr)*	fortsetzen, -fahren; weitermachen **10**
prosperar *(tr)*	gedeihen, Erfolg haben **2**
prostituirse *(refl)*	(sich) hergeben, prostituieren **12**
proteger *(tr)*	schützen **11**
protestar *(tr/intr)*	protestieren, Einspruch erheben **2**
proveer de *(tr)*	versorgen, -schaffen; ausstatten **13**
provenir de *(intr)*	herkommen, abstammen von **57**
provocar *(tr)*	bewirken, auslösen; herausfordern **5**
proyectar *(tr)*	planen, beabsichtigen; werfen **2**
publicar *(tr)*	bekanntmachen; veröffentlichen **5**
pudrir(se) *(tr/refl)*	verderben, verfaulen **4**
pulir *(tr)*	polieren; schleifen **4**
pulsar *(tr)*	drücken *(Taste, Knopf)* **2**
pulverizar(se) *(tr/refl)*	pulverisieren, zerstäuben **6**
purificar *(tr)*	reinigen, klären **5**

Q

quebrar(se) *(tr/refl)*	zerbrechen, zermalmen **19**
quedar *(intr)*	bleiben; bestehen; noch zu tun sein **2**
quedar en pie	stehen (bleiben)
quedar en	übereinkommen
quedar sin	ausgehen (jdm geht etwas aus)
quedarse *(refl)*	(zurück)bleiben **2**
quedarse atrás	zurückfallen
quedarse dormido	einschlafen, -nicken
quejarse de *(refl)*	sich beklagen **2**
***querer** *(tr)*	wünschen, verlangen; wollen; lieben, gernhaben **48**
querer *(+ Infinitiv)*	beabsichtigen
querer decir *(tr)*	sagen wollen; meinen; bedeuten
quitar(se) *(tr/refl)*	ausziehen, ablegen; entwenden, wegnehmen; entfernen; ausschalten **2**
quitar con un trapo *(tr)*	wegwischen
quitar el polvo *(tr)*	abstauben

R

racionar *(tr)*	rationieren **2**
radiografiar *(tr)*	röntgen **14**
raer *(tr)*	(ab)kratzen, schaben **30**
rajar(se) *(tr/refl)*	rissig werden, springen; ablassen von **2**
rallar *(tr)*	reiben, raspeln **2**
raptar *(tr)*	entführen **2**
rascar *(tr)*	kratzen **5**
rasgar *(tr)*	(zer)reißen **7**
rasguñar *(tr)*	(zer)kratzen **2**
raspar *(tr)*	abschaben, -kratzen **2**
rastrear *(tr)*	nachspüren, -forschen **2**
rastrillar *(tr)*	hecheln; rechen, harken **2**
ratificar *(tr)*	ratifizieren; bestätigen **5**
rayar *(tr)*	linieren **2**
razonar *(tr/intr)*	belegen, begründen **2**
reaccionar *(intr)*	reagieren **2**
realizar *(tr)*	verwirklichen, ausführen; erfüllen, erzielen; unternehmen **6**
reasegurar *(tr)*	rückversichern **2**

rebajar(se) *(tr/refl)*	herabsetzen, ermäßigen; abnehmen, abziehen; verbilligen **2**
rebatir *(tr)*	zurückweisen **4**
rebelarse contra *(refl)*	(sich) auflehnen gegen **2**
rebobinar *(tr)*	zurückspulen **2**
rebotar *(intr)*	zurückspringen, abprallen **2**
recalentar *(tr)*	aufwärmen **19**
recelar de *(tr)*	argwöhnen, jdm nicht trauen **2**
recetar *(tr)*	verordnen, verschreiben **2**
rechazar *(tr)*	zurückweisen, ablehnen; abweisen **6**
rechinar *(intr)*	knarren, quietschen **2**
recibir *(tr)*	erhalten, bekommen **4**
reciclar *(tr)*	wiederverwerten; umschulen **2**
reclamar *(tr/intr)*	fordern, verlangen; Einspruch erheben **2**
reclinarse *(refl)*	(sich) anlehnen, zurücklehnen **2**
recobrar *(tr)*	wiedererlangen, zurückbekommen; zu sich kommen **2**
recocer *(tr)*	aufwärmen; verkochen **9, 20**
recoger *(tr)*	(ab)holen; in Empfang nehmen; sammeln; pflücken **11**
recomendar *(tr)*	empfehlen **19**
recompensar *(tr)*	belohnen; vergüten, entschädigen **2**
reconciliar(se) *(tr/refl)*	(sich) versöhnen **2**
reconocer *(tr)*	anerkennen, bestätigen; bekennen; erforschen **32**
reconstruir *(tr)*	wiederaufbauen **12**
recordar *(tr)*	jdn erinnern; (sich) erinnern **20**
recorrer *(tr)*	durchgehen; zurücklegen **3**
rectificar *(tr)*	berichtigen **5**
recuperar *(tr)*	wiedererlangen; zurückgewinnen **2**
redactar *(tr)*	abfassen; aufsetzen; redigieren **2**

redimir *(tr)*	ablösen, zurückkaufen **4**
redoblar *(tr)*	verdoppeln **2**
redondear *(tr)*	ab-, aufrunden **2**
reducir(se) *(tr/refl)*	reduzieren, (sich) beschränken; verringern; kürzen **31**
reducir la velocidad *(tr/intr)*	langsamer werden
reembolsar *(tr)*	zurückzahlen, -erstatten **2**
reemplazar *(tr)*	ersetzen; ablösen **6**
referirse a *(refl)*	(sich) beziehen auf **22**
refinar *(tr)*	verfeinern; raffinieren **2**
reflejar *(tr)*	zurückstrahlen, reflektieren **2**
reflexionar *(tr/intr)*	überlegen, erwägen **2**
reforzar *(tr)*	ver-, bestärken; stützen **6, 20**
refrenar *(tr)*	zügeln **2**
refrescar(se) *(tr/intr/refl)*	(sich) erfrischen, abkühlen **5**
refrigerar *(tr)*	(ab)kühlen **2**
refunfuñar *(intr)*	murren **2**
refutar *(tr)*	bestreiten **2**
regalar *(tr)*	schenken **2**
regañar *(tr)*	ausschelten, zanken **2**
regar *(tr)*	bewässern, berieseln **7, 19**
regatear *(intr)*	handeln, feilschen **2**
regentar *(tr)*	herumkommandieren **2**
regir *(tr)*	herrschen, regieren **11, 24**
registrar *(tr)*	registrieren, verzeichnen; einschreiben; durchsuchen **2**
registrarse *(refl)*	(sich) eintragen *(im Hotel)*
reglamentar *(tr)*	regeln; verordnen **2**
regocijar(se) *(tr/refl)*	(sich) ergötzen, Freude haben an **2**
regresar *(intr)*	zurückkehren, -kommen; wiedererlangen **2**
regular *(tr)*	regeln **2**
regularizar *(tr)*	regulieren, standardisieren **6**
rehacer *(tr)*	umarbeiten; wiederherstellen **41**
rehusar *(intr)*	verweigern **2**
reinar *(intr)*	herrschen **2**
reintegrar *(tr)*	rückvergüten; wiedereinsetzen **2**

reiterar *(tr)*	wiederholen; erneuern **2**
***reírse** *(refl)*	lachen **49**
relacionarse con *(refl)*	in Beziehung stehen zu; in Verbindung treten mit **2**
relajar *(tr)*	entspannen **2**
relampaguear *(intr)*	blitzen **2**
relatar *(tr)*	berichten **2**
relinchar *(intr)*	wiehern **2**
rellenar *(tr)*	auf-, nachfüllen; ausfüllen *(Formular);* vollstopfen **2**
relucir *(intr)*	glänzen, leuchten **43**
remar *(intr)*	rudern **2**
rematar *(tr)*	beendigen, abschließen **2**
rematar en punta *(intr)*	spitz auslaufen
remendar *(tr)*	flicken, ausbessern **19**
remojar(se) *(tr/refl)*	einweichen, wässern **2**
remolcar *(tr)*	(ab)schleppen **5**
remontarse a *(refl)*	(zeitlich) zurückgehen auf **2**
remontarse *(refl)*	(sich) emporschwingen **2**
remover *(tr)*	(um)rühren **20**
rendir(se) *(tr/refl)*	einbringen; (sich) ergeben, aufgeben **24**
renovar(se) *(tr/refl)*	erneuern, renovieren **20**
renunciar a *(tr)*	aufgeben; verzichten; *(Amt)* niederlegen **2**
reñir *(intr)*	streiten, (sich) zanken **17, 24**
reorganizar(se) *(tr/refl)*	reorganisieren, umgestalten **6**
reparar *(tr)*	ausbessern, reparieren **2**
repartir *(tr)*	ver-, austeilen; austragen, zustellen **4**
repasar *(tr)*	(nochmals) lernen, wiederholen **2**
repetir *(tr)*	wiederholen **24**
repicar *(intr)*	anschlagen, läuten **5**
reponerse *(refl)*	(sich) erholen, gesunden **47**
represar *(tr)*	stauen; Einhalt tun; unterdrücken **2**
representar *(tr/intr)*	darstellen; vertreten; aufführen; bedeuten **2**
reprochar *(tr)*	tadeln, vorwerfen **2**
reproducir(se) *(tr/refl)*	wiedergeben; erzeugen; sich fortpflanzen **31**

repugnar *(tr/intr)*	abstoßen, zuwider sein **2**
requerir *(tr)*	benötigen; verlangen; anfordern **22**
resbalar *(intr)*	ausgleiten, -rutschen **2**
rescatar *(tr)*	(er)retten **2**
reservar *(tr)*	aufbewahren; ausbedingen; reservieren **2**
resistir *(tr/intr)*	widerstehen; widersprechen; standhalten **4**
resollar *(intr)*	keuchen **20**
resolver *(tr)*	entscheiden, beschließen; auflösen; e-e Lösung finden **20**
resolver(se) a *(tr/refl)*	sich entschließen zu **20**
resonar *(intr)*	widerhallen, ertönen **20**
respaldar *(tr)*	stützen; anlehnen **2**
respetar *(tr)*	respektieren **2**
respirar *(intr)*	atmen **2**
respirar con dificultad *(intr)*	nach Luft ringen
responder *(tr/intr)*	antworten **3**
responder de	haften für
restar *(tr)*	abziehen, subtrahieren **2**
restaurar *(tr)*	restaurieren; wiedereinsetzen **2**
restregar *(tr)*	abreiben **7**
restringir *(tr)*	ein-, beschränken **11**
resucitar *(tr/intr)*	wiederbeleben **2**
resultar *(intr)*	(sich) ergeben, herausstellen, erweisen **2**
resultar de *(intr)*	von etw herrühren
resumir *(tr)*	zusammenfassen, kurz wiederholen **4**
retar *(tr)*	herausfordern **2**
retardar *(tr)*	verlangsamen; zurückstellen *(Uhr)* **2**
retener *(tr)*	zurückhalten; aufbewahren **54**
retirar(se) *(tr/refl)*	(sich) zurückziehen; zurücknehmen, kündigen; abheben **2**
retorcer(se) *(tr/refl)*	(sich) verdrehen **9, 20**
retransmitir *(tr)*	übertragen, weitersenden **4**
retrasar *(tr)*	verzögern, verspäten **2**
retroceder *(intr)*	zurückweichen, -gehen **3**

retumbar *(intr)*	widerhallen, dröhnen **2**
reunir(se) *(tr/refl)*	zusammenkommen, sich treffen, tagen, (sich) versammeln **15**
revelar *(tr)*	enthüllen; verkünden; entwickeln *(Phot.)* **2**
reventar *(intr)*	zerstören; platzen, bersten **19**
revestir *(tr)*	ankleiden; aus-, verkleiden **24**
revestir de acero *(tr)*	mit Stahl auskleiden
revestir de hormigón *(tr)*	zubetonieren
revisar *(tr)*	(über)prüfen, durchsehen **2**
revisar cuentas	prüfen *(Geschäftsbücher)*
revolotear *(intr)*	(sich) im Kreis drehen; umherfliegen **2**
revolver *(intr)*	wieder umkehren; umrühren **20**
rezar *(intr)*	beten **6**
ridiculizar *(tr)*	lächerlich machen **6**
rizar *(tr)*	locken (Haar) **6**
robar *(tr)*	rauben, stehlen, entwenden, einbrechen **2**
rociar *(tr)*	bespritzen; berieseln **14**
rodar *(intr)*	(fort)rollen; drehen *(Film);* (durch)laufen *(Computerprogramm)* **20**
rodear *(tr)*	umkreisen, -ringen; umgehen **2**
roer *(tr)*	nagen **30**
rogar *(tr)*	bitten, ersuchen; anflehen **7, 20**
***romper(se)** *(tr/refl)*	zerbrechen, -stören; abbrechen **50**
roncar *(intr)*	schnarchen **5**
ronronear *(intr)*	schnurren **2**
rozar *(tr)*	streifen, berühren **6**
ruborizarse *(refl)*	erröten **6**
rugir *(intr)*	brüllen **11**

S

***saber** *(tr/intr)*	wissen; kennen; können; erfahren **51**
saborear *(tr)*	genießen, auskosten **2**
***sacar** *(tr)*	herausnehmen, -ziehen;

	abheben *(Geld);* ziehen *(Schlußfolgerung);* kaufen *(Karten)* **5**
sacar con cuchara *(tr)*	auslöffeln
sacar de quicio *(tr)*	verrückt machen, irritieren
sacar el título (de)	s-n Studienabschluß machen als
sacar ganancia (de) *(intr)*	Gewinn ziehen aus
sacar una foto *(tr)*	fotografieren
saciar *(tr)*	sättigen; löschen *(Durst)* **2**
sacrificar *(tr)*	opfern **5**
sacudir(se) *(tr/refl)*	schütteln; von sich abschütteln **4**
salar *(tr)*	salzen **2**
saldar *(tr)*	abschließen; begleichen **2**
***salir** *(intr)*	ausgehen; spazierengehen; abreisen; keimen; hervorragen; aufgehen *(Sonne)* **52**
salir a la escena *(intr)*	auftreten (*Bühne*)
salir bien *(intr)*	gut ablaufen, geraten
salir mal *(intr)*	schlecht ausgehen
salir de *(intr)*	heraus/hervorkommen, -treten
salir del huevo *(intr)*	ausschlüpfen
salpicar *(tr)*	be-, verspritzen; beschmutzen **5**
saltar *(intr)*	springen, hüpfen **2**
saludar *(tr)*	(be)grüßen **2**
salvar *(tr)*	retten; speichern *(Computer)* **2**
sanar *(tr/intr)*	heilen **2**
sangrar *(intr)*	bluten **2**
satisfacer *(tr)*	zufriedenstellen **41**
sazonar *(tr)*	würzen **2**
sazonar con *(tr)*	würzen mit
sazonar con pimienta *(tr)*	pfeffern
secar(se) *(tr/refl)*	auf-, ab-, austrocknen **5**
secuestrar *(tr)*	entführen, kidnappen **2**
seducir *(tr)*	verführen; verlocken **31**
segar *(tr)*	mähen; ernten **7**
seguir *(tr/intr)*	folgen; fortsetzen; befolgen *(Rat);* fortdauern **10, 24**
seguir fiel a *(intr)*	etw treu bleiben
seleccionar *(tr)*	auswählen **2**
sellar *(tr)*	siegeln **2**
sembrar *(tr)*	sähen **19**

sentar(se) *(tr/refl)*	setzen, sitzen, sich setzen; stehen *(Kleidung)* **19**
sentarse a la mesa *(refl)*	(sich) an den Tisch setzen
sentenciar *(tr)*	verurteilen **2**
***sentir** *(tr/intr)*	fühlen; bedauern; empfinden **22**
señalar *(tr)*	anzeigen, andeuten; hinweisen auf; markieren **2**
separar(se) de *(tr/refl)*	trennen; ausschalten; auseinandernehmen; (sich) absondern; sich trennen *(Ehe)* **2**
sepultar *(tr)*	begraben, beisetzen **2**
***ser** *(intr)*	sein **53**
ser cuestión de	e-e Frage des/der *(z.B. Zeit)* sein
ser de	stammen aus, gehören zu, bestehen aus
ser diferente de	sich unterscheiden von
ser la estrella	die Hauptrolle spielen
ser miembro de	Mitglied sein
ser necesario	notwendig sein
ser paciente	Geduld haben, geduldig sein
ser responsable de	haftbar/verantwortlich sein für
ser valedero	gültig sein
serrar *(tr)*	sägen **19**
servir *(tr/intr)*	dienen **24**
servir a uno *(tr)*	bedienen
servir para *(intr)*	zu etw dienen
servirse *(refl)*	sich bedienen **24**
servirse de *(refl)*	etw benutzen, sich e-r Sache bedienen
sesgar *(tr)*	schief/schräg stellen **7**
significar *(tr)*	andeuten, bedeuten, besagen **5**
silbar *(tr/intr)*	pfeifen; zischen **2**
simular *(tr)*	vorgeben; simulieren **2**
sintetizar *(tr)*	verkörpern; künstlich herstellen **6**
sintonizar *(tr)*	abstimmen; einstellen *(Programm)* **6**
sisar *(tr)*	betrügen, unterschlagen **2**
sisear *(tr/intr)*	zischen, auspfeifen **2**
sitiar *(tr)*	belagern **2**

situar *(tr)*	legen, stellen **15**
sobornar *(tr)*	bestechen **2**
sobrepasar *(tr)*	übertreffen, -bieten **2**
sobresalir *(intr)*	hervor-, herausragen; (sich) auszeichnen **52**
sobresaltar(se) *(tr/refl)*	erschrecken, bestürzen, zusammenfahren **2**
sobrevivir a *(intr)*	überleben; durchstehen **4**
sofocar(se) *(tr/refl)*	ersticken **5**
soldar(se) *(tr/refl)*	löten **20**
soler *(+ Infinitiv)*	zu tun pflegen, gewohnt sein **20**
solicitar *(tr)*	begehren, verlangen, erbitten **2**
solidificar(se) *(tr/refl)*	fest werden **5**
sollozar *(intr)*	schluchzen **6**
soltar *(tr)*	losmachen; freilassen; ablegen *(Schiff);* gehenlassen **20**
solucionar *(tr)*	lösen; erledigen **2**
sombrear *(tr)*	beschatten **2**
someter(se) *(tr/refl)*	(sich) unterwerfen; (sich) fügen **3**
sonar *(tr/intr)*	tönen, läuten **20**
soñar *(tr/intr)*	träumen **20**
soñar despierto *(intr)*	mit offenen Augen träumen
sonreír *(intr)*	lächeln **49**
sonrojarse *(refl)*	erröten **2**
soplar *(intr)*	blasen **2**
soportar *(tr)*	stützen; (er)tragen, aushalten **2**
sorber *(tr)*	schlürfen, saugen **3**
sorprender *(tr)*	überraschen; ertappen **3**
sosegar *(tr)*	beruhigen **7, 19**
sospechar *(tr)*	verdächtigen **2**
sostener *(tr)*	unterstützen, erhalten; aufrecht halten; behaupten; beistehen **54**
subir *(intr)*	aufheben; hinaufgehen; besteigen; erhöhen *(Preise)* **4**
subir (a) *(tr)*	steigen *(Wasser);* zunehmen; ansteigen *(Berg);* einsteigen **4**
sublevarse *(refl)*	(sich) erheben, rebellieren **2**

	subrayar *(tr)*	betonen; unterstreichen; hervorheben **2**
	subvencionar *(tr)*	subventionieren **2**
	suceder *(intr)*	geschehen; zustoßen; (sich) ereignen **3**
	sudar *(intr)*	schwitzen **2**
	sufrir *(tr/intr)*	(er)leiden, (er)dulden; ertragen **4**
	sugerir *(tr)*	vorschlagen; nahelegen **22**
	sujetar *(tr)*	befestigen, festmachen; unterwerfen **2**
	sujetar con un peso *(tr)*	niederdrücken
	sumar (a) *(tr/intr)*	zusammenzählen; sich belaufen auf **2**
	sumergir(se) *(tr/refl/intr)*	untertauchen, eintauchen **11**
	suministrar *(tr)*	verschaffen, besorgen; liefern **2**
	superar *(tr)*	überwinden, bewältigen; übertreffen **2**
	supervisar *(tr)*	beaufsichtigen **2**
	suplicar *(tr)*	anflehen, inständig bitten **5**
	suplir (a/por) *(tr/intr)*	ersetzen; vertreten **4**
	suponer *(tr)*	annehmen **47**
	suprimir *(tr)*	unterdrücken; abschaffen; einstellen; weglassen **4**
	surgir *(intr)*	auftauchen *(z.B. Problem)* **11**
	surtir *(tr)*	liefern; versorgen mit **4**
	suscribir(se) *(tr/refl)*	unterschreiben; abonnieren **37**
	suspender *(tr)*	aufhängen; einstellen; durchfallen *(Prüfung)* **3**
	suspirar *(intr)*	seufzen **2**
	suspirar por *(intr)*	(sich) sehnen nach
	sustituir *(tr)*	ersetzen, austauschen **12**
	sustraer *(tr)*	abziehen, subtrahieren **55**
	susurrar *(intr)*	säuseln **2**
T	**tachar** *(tr)*	durch-, ausstreichen **2**
	tajar *(tr)*	ab-, durchschneiden; zerhacken **2**
	taladrar *(tr)*	bohren **2**
	tallar *(tr)*	schnitzen; meißeln **2**

tambalear(se) *(intr/refl)*	schwanken, taumeln **2**
tamizar *(tr)*	fein (durch)sieben **6**
tañer *(tr)*	spielen *(Instrument)* **17**
tapar *(tr)*	ab-, zudecken; abdichten **2**
taponar *(tr)*	zustöpseln, verkorken **2**
tardar *(intr)*	zögern, säumen; ausbleiben **2**
tartamudear *(intr)*	stammeln, stottern **2**
tasar *(tr)*	einschätzen; bewerten; veranlagen **2**
techar *(tr)*	bedecken, bedachen **2**
tejer *(tr)*	spinnen; weben **3**
telefonear *(tr)*	telefonieren, anrufen **2**
temblar *(intr)*	zittern, beben; bangen **19**
temer *(tr/intr)*	(be)fürchten **3**
templar *(tr)*	mäßigen, mildern; stimmen **2**
tender(se) *(tr/refl)*	(sich) ausstrecken, hinlegen **19**
tender a *(intr)*	tendieren zu, Neigung haben zu
***tener** *(tr)*	haben; halten **54**
tener aversión a *(tr)*	nicht mögen
tener cariño a *(tr)*	mögen, gern haben
tener cuidado *(intr)*	achtgeben, sich hüten; vorsichtig sein
tener en cuenta *(tr)*	in Betracht ziehen, berücksichtigen
tener en mente *(tr)*	im Sinn haben
tener éxito *(intr)*	Erfolg haben
tener frío	frieren
tener diarrea	Durchfall haben
tener lástima a/de *(tr)*	bedauern, bemitleiden
tener lugar *(intr)*	stattfinden
tener miedo (a) *(tr/intr)*	(sich) fürchten
tener que *(intr)*	müssen
tener que ver con *(tr)*	betreffen, zu tun haben mit
tener razón	recht haben
tener sabor a *(intr)*	schmecken nach
tener un accidente *(intr)*	e-n Unfall haben
tensar *(tr)*	spannen, straffen **2**
tentar *(tr)*	befühlen, betasten; erproben, versuchen; verlocken **19**
teñir *(tr)*	färben **17, 24**
terminar(se) *(tr/intr/refl)*	beenden, abschließen; zu

	Ende sein; aufhören **2**
tirar (de) *(tr/intr)*	an-, ab-, fortziehen; schießen; werfen; Abzüge machen **2**
tirarse al agua *(refl)*	ins Wasser springen
titubear *(intr)*	wanken; stammeln; zaudern **2**
tocar *(tr)*	berühren, betasten; spielen, schlagen *(Instrument)* **5**
tocar el tambor *(tr)*	trommeln
tolerar *(tr)*	dulden, zulassen; aushalten; vertragen **2**
tomar *(tr)*	nehmen; zu sich nehmen **2**
tomar en cuenta *(tr)*	in Betracht ziehen
tomar nota (de)	Notiz nehmen von, vermerken
tomar parte en *(intr)*	(sich) beteiligen
tomar precautiones	sich vorsehen
tomarse la molestia de	sich Mühe geben
topar *(tr/intr)*	zusammenstoßen; treffen **2**
torcer(se) *(tr/refl)*	(ab)biegen *(Weg);* drehen, wenden; vertreten, verstauchen, verzerren; **9**, **20**
torturar *(tr)*	foltern **2**
toser *(intr)*	husten **3**
tostar *(tr)*	toasten; rösten **20**
tostar(se) *(tr/refl)*	braun werden
trabajar *(intr)*	arbeiten **2**
trabajar en el jardín *(intr)*	im Garten arbeiten
traducir *(tr)*	übersetzen **31**
***traer** *(tr)*	bringen; holen **55**
tragar(se) *(tr/refl)*	schlucken; hunterschlingen **7**
traicionar *(tr)*	verraten **2**
trampear *(tr)*	betrügen, täuschen **2**
transcribir *(tr)*	ab-, um-, überschreiben **37**
transferir *(tr)*	übertragen, -eignen **22**
transformar *(tr)*	umformen; umspannen **2**
transmitir *(tr)*	übertragen; senden **4**
transponer *(tr)*	verlegen; versetzen, verpflanzen **47**
transportar *(tr)*	befördern, transportieren **2**
traquetear *(tr/intr)*	knattern, rattern; rütteln **2**

	trasladar *(tr)*	versetzen, umziehen **2**
	traslapar *(tr)*	überlappen **2**
	trasnochar *(intr)*	die Nacht schlaflos zubringen; aufbleiben **2**
	traspasar *(tr)*	übertragen; befördern; durchbohren **2**
	trasquilar *(tr)*	scheren **2**
	trastornar *(tr)*	umstürzen, umstoßen; verrückt machen **2**
	tratar(se) de *(tr/refl)*	(sich) handeln um; behandeln; verarbeiten *(Daten, usw.)* **2**
	tratar con *(tr)*	mit jdm verhandeln, verkehren
	tratar de usted *(tr)*	mit Sie anreden
	tratar mal *(tr)*	schlecht behandeln
	trazar *(tr)*	nachziehen; umreißen; entwerfen *(Plan)* **6**
	trepar *(tr/intr)*	klettern **2**
	trillar *(tr)*	dreschen; abnutzen **2**
	trinar *(intr)*	singen *(Vögel)* **2**
	triunfar *(intr)*	triumphieren, jubeln; Sieg davontragen **2**
	trocar por *(tr)*	ver-, um-, eintauschen; wechseln **5**
	tronar *(intr)*	donnern **20**
	tropezar *(intr)*	stolpern, stoßen **6, 19**
	tropezar con *(tr)*	auf etw stoßen; jdm zufällig begegnen
	turbar *(tr)*	bestürzen, beunruhigen **2**
	tutear *(tr)*	mit du anreden **2**
U	**ulular** *(intr)*	heulen, schreien **2**
	unir(se) (a) *(tr/refl)*	vereinen, -binden, zusammenfügen; (sich) verheiraten **4**
	untar *(tr)*	bestreichen **2**
	usar(se) *(tr/refl)*	benutzen, gebrauchen, anwenden **2**
	utilizar *(tr)*	benutzen, gebrauchen **6**
V	**vaciar** *(tr)*	aus-, entleeren; aushöhlen **14**
	vacilar *(intr)*	zögern, unschlüssig sein **2**

vagar *(intr)*	umherstreichen, herumirren **7**
***valer** *(tr/intr)*	kosten; wert sein; gültig sein **56**
valorar *(tr)*	bewerten, abschätzen; veranschlagen **2**
vaporizar(se) *(tr/refl)*	verdampfen **6**
variar (entre) *(tr/intr)*	variieren, wechseln **14**
velar *(tr/intr)*	verschleiern, verhüllen; wachen, nachts aufbleiben **2**
***vencer** *(tr/intr)*	besiegen, bezwingen, überwinden **9**
vendar *(tr)*	verbinden, bandagieren **2**
vender *(tr)*	verkaufen **3**
vender a precio barato *(tr)*	billig veräußern
venerar *(tr)*	verehren, anbeten **2**
***venir** *(intr)*	kommen **57**
ventilar *(tr)*	be-, entlüften **2**
***ver** *(tr)*	sehen **58**
ver la televisión	fernsehen
verse obligado a	verpflichtet sein
verificar *(tr)*	überprüfen, kontrollieren; bestätigen **5**
verter(se) *(tr/intr/refl)*	ausgießen, auskippen; übertragen **19**
vestir(se) *(tr/intr/refl)*	(sich) anziehen, kleiden **24**
viajar *(intr)*	reisen **2**
vibrar *(tr/intr)*	schwingen; zittern **2**
vigilar *(tr/intr)*	bewachen; aufpassen auf **2**
vincular *(tr)*	verbinden; verknüpfen; vinkulieren **2**
violar *(tr)*	vergewaltigen **2**
visitar *(tr)*	besuchen; besichtigen **2**
vislumbrar *(tr)*	kurz sehen, e-n Eindruck bekommen; mutmaßen **2**
***vivir** *(intr)*	leben **4**
vivir de *(tr)*	leben von
volar *(intr)*	fliegen **20**
volatilizar(se) *(tr/refl)*	(sich) verflüchtigen **6**
volcar(se) *(tr/intr/refl)*	umwerfen, -stoßen, -stürzen; dumpen *(Computer)* **5, 20**
***volver** *(tr/intr)*	zurück-, umkehren;

		umwenden *(Seite)* **20**
	volver a cubrir *(tr)*	neu beziehen
	volver a llamar *(intr)*	zurückrufen
	volver a traer *(tr)*	zurückholen
	volver en sí	wieder zu sich kommen
	volver loco *(tr)*	verrückt machen
	volverse *(refl)*	werden *(z.B. gelb, verrückt);* (sich) umdrehen **20**
	volverse atrás *(refl)*	einen Rückzug machen, zurücktreten von; wortbrüchig werden
	vomitar *(tr/intr)*	erbrechen, (sich) übergeben **2**
	votar *(tr/intr)*	wählen **2**
Z	***zambullirse** *(refl)*	unter-, eintauchen **16**
	zarpar *(intr)*	in See stechen, auslaufen **2**
	zumbar *(intr)*	brummen; summen *(Person);* surren **2**